Über den Autor

Martin Kaminski

Jahrgang 1968, ist Rettungssanitäter, Erzieher, Diakon, Liedermacher und evangelischer Pastor. Er lebt auf einem Bauernhof mit vielen Lieblingstieren in Ostfriesland und wohnte zuvor Jahrzehnte im Rheinland. Martin Kaminski ist verheiratet und vierfacher Vater. Seit 1990 arbeitet er unter anderem für die die Evangelische Kirche. Im Nebenberuf war er von 2011 bis 2022 als Omnibusfahrer für Linien- und Reiseverkehr bei verschiedenen Betrieben tätig.

Vorwort

11 Jahre nach dem zweiten Teil (den Träumen) erscheinen nun die Erkenntnisse des Busfahrers. Man kann die beiden anderen Busfahrererzählungen auch lesen, muss man aber nicht. Natürlich lernt man Berti und seine Welt besser kennen, wenn man sie liest.

Viele reale Begebenheiten liegen den drei Erzählungen zugrunde. Dennoch sind die Bücher weder biographisch, noch gibt es eine der Figuren wirklich. Auch Berti bin nicht ich, wenngleich er viel von mir hat. Die Kapitel der ersten Bände entstanden in ihrer Zeit, also vor manchen Krisen dieser Tage. Und diese Erkenntnisse nun sind mitten in den Krisen dieser Tage entstanden.

Dieses Buch ist eine Standortbestimmung und hat am Ende ein Ausrufezeichen. Vielleicht ist es mein letztes Buch. Vielleicht nicht.

Martin Kaminski, im November 2022

Martin Kaminski

Die Erkenntnisse
des Busfahrers

Erzählung

tredition

© 2022: Martin Kaminski
Umschlag, Illustration: Tredition, Mimi Kaminski
Lektorat, Korrektorat: Harald Steffes

Druck und Distribution im Auftrag
tredition GmbH, Halenreie 40-44, 22359 Hamburg, Deutschland

ISBN
Paperback   978-3-347-78264-8
e-Book   978-3-347-78265-5

Das Werk, einschließlich seiner Teile, ist urheberrechtlich geschützt. Für die Inhalte ist der Autor verantwortlich. Jede Verwertung ist ohne seine Zustimmung unzulässig. Die Publikation und Verbreitung erfolgen im Auftrag des Autors, zu erreichen unter: tredition GmbH, Abteilung "Impressumservice", Halenreie 40-44, 22359 Hamburg, Deutschland.

Seufzender Hering

"Lach doch mal", sagte sie mit dieser ihr ganz eigenen Art, grundsätzlich Ermunterung verbreiten zu wollen. Wenn es so einfach wäre. Einfach mal zu lachen, obwohl es nichts zu lachen gab. Berti schaute tief in die Augen des neben ihm sitzenden Hundes. Er nannte ihn Hering. Ein seltsamer Name für einen Hund. Als Welpe hieß er Mattes, weil Bertis Frau Nele und Niklas, der Jüngste, den Namen so außerordentlich putzig fanden. Er selbst fand den Namen nicht ganz so putzig, weil er mal einen cholerischen Vorgesetzten hatte, der so hieß. Irgendwann verstand ein Freund den Namen des Hundes nicht richtig. "Matjes?" fragte er. "Das ist ja ganz entzückend!" Fortan nannte Berti den Hund Matjes und alle anderen riefen ihn bei seinem ursprünglichen Namen. Mattes war ein ADHS-Hund. Von dieser Diagnose ließ Berti nicht mehr ab. So sagte Berti es immer. Alle Versuche den Vierbeiner zu erziehen, waren kläglich gescheitert. Sobald Mattes das Haus verließ, war er vollkommen unkontrollierbar. Die Hundetrainerin hatte der Familie erklärt, dass der Hund ein Spiegel seiner menschlichen Gefährten sei. "Na dann gute Nacht", entgegnete Nele und kündigte das Abo bei der Hundeschule. Fortan versuchten sie es mit Tutorials aus dem Internet, mit Büchern und guten Ratschlägen von Nachbarn und Kolleginnen. Weiterhin interessierte sich Mattes allerdings herzlich wenig für seinen Vornamen. Er kam einfach nicht, wenn man ihn rief, zerrte wie ein Wahnsinniger an der Leine, sprang voller Freude abends auf den Fernsehsessel und warf Opa Reinhard früher regelmäßig fast um, wenn dieser zu Besuch kam. Dieser belohnte ihn dafür auch noch. "Was bist Du eigentlich für ein Hering?" fragte Berti eines Tages. Mattes-Matjes hatte gerade seinen gesamten Hundekorb einmal quer durch das Haus gezerrt. Von diesem Tage an, hatte Berti beschlossen, alle Erziehungsversuche des ADHS-Hundes einzustellen. Er band sich zwei Leinen um und ließ sich von Hering durch die Gegend zerren. Abends lag der riesige Hund auf seinem Schoß und sie sahen zusammen fern. Natürlich war das nicht vernünftig und Nele versuchte immer wieder neue pädagogisch-psychologische Ansätze, um Mattes-Matjes-Hering kompatibler für seine Mitgeschöpfe zu machen. Berti zuckte dann einfach mit den Schultern und sagte: "Ich finde ihn okay so." Er hatte sich damit abgefunden, dass sie offensichtlich zu doof waren, um ihn zu erziehen.

Wenn Hering aber so wie nun gerade neben ihm saß und ihn treu anschaute, wusste Berti, dass er kein schlechter Kerl war. Nur eben einfach "verhaltensoriginell". So hatte ihn selbst in seiner Kindheit mal seine Grundschullehrerin genannt. Den Begriff ADHS gab es damals noch nicht. Und so hatte sie ihn einfach regelmäßig mitten im Unterricht aufgefordert, zweimal um das Schulgebäude zu laufen, während die anderen weiter an ihren Bildern malten. Manchmal hatte sich die kleine Claudia angeschlossen. Sie konnte auch nicht stillsitzen. Claudia und er waren dank dieser Methode später sogar aufs Gymnasium gegangen und nicht, wie Bertis Erziehungsbeistand empfohlen hatte, auf die Sonderschule. Und so fand Berti es in Ordnung, dass Hering hierblieb und nicht ins Tierheim wanderte, weil er sich nicht erziehen ließ.

Berti war traurig. Er musste eigentlich immer lachen, wenn Nele ihn dazu aufforderte. Sie waren nun sage und schreibe 39 Jahre verheiratet. Und jetzt, als sie sagte "Lach doch mal" ... lachte er. Wie immer. Es funktionierte einfach. Außerdem konnte er es seiner Frau nicht abschlagen, denn sie war der festen Überzeugung, dass man beim Blasen des Trübsals tatsächlich immer neue Trübsal produzierte. Sie musste es wissen. Sie war Psychologin. Berti war Busfahrer. Busfahrer ohne Bus, denn vor etwas mehr als 10 Jahren hatte er bei einem sommerlichen Spätdienst einen Schwächeanfall erlitten. Er war ganz gemütlich in den Zaun eines Industriegebietes gerollt und dort nur leicht verletzt zu sich gekommen. Er dankte Gott noch heute mehrmals täglich, dass damals niemand im Bus gesessen hatte und der Zaun seine Fahrt bremste. Niemand war zu Schaden gekommen, abgesehen vom Bus. Nachdem alle Untersuchungen abgeschlossen waren, sagte der Betriebsarzt, er könnte nun wieder fahren.

Allerdings solle er auf sich aufpassen, was immer das genau bedeuten sollte. Berti war nach über 31 Jahren als Busfahrer allerdings auf geradem Wege in die Personalabteilung gegangen und hatte seine Kündigung abgegeben. Nie wieder hatte er seitdem hinter dem Steuer eines Busses gesessen. Nele hatte ihre Praxis noch ein paar Jahre weitergeführt. Als beide dann gut 60 waren, hatten sie einfach aufgehört zu arbeiten. Die Kinder waren groß, die Rente war klein, aber sie waren sich einig, dass man den Tagen lieber Leben hinzufügen sollte, als dem Leben immer weiter Tage. Letzteres hatte man ja auch gar nicht in der Hand.

Sie verkauften das Haus, in dem sie ihre vier Kinder aufwachsen sahen. So formulierten sie es beide gerne und hassten es, wenn Eltern behaupteten, sie hätten ihre Kinder großgezogen. "Was für ein Unsinn", sagte Nele dann. "Großgezogen, lächerlich!"

Nele und Berti kauften sich ein Häuschen in Ostfriesland. Es war uralt und spottbillig. "20 Jahre hält es noch", hatte Berti gesagt, als ihnen alle, wirklich alle, davon abgeraten hatten, das

Haus zu kaufen! Sie kauften es trotzdem und flickten an ihm herum, stellten alte Möbel rein und kauften den Hund Mattes-Matjes-Hering. Davon hatten sie schon Jahre geträumt. Und dann?

Dann ruhten sie sich aus und warteten darauf, Großeltern zu werden. Denn das war ihr sehnlichster Wunsch. Dass einmal Kinder "Oma" und "Opa" zu ihnen sagen würden.

Hering atmete schwer und legte seine sabbernde Schnauze auf Bertis Bein. Wenn der Hund so schwer atmete, fehlte ihm nichts. Es war wie ein Seufzen bei Menschen. Ein "Ach ja", bei dem man die Luft durch den Mund ausströmen lässt und alle wissen, dass irgendetwas gerade beschwerlich ist. Hering kannte Berti. Er wusste genau, was Berti auf dem Herzen hatte. Es war November. Im November seufzten mehr Menschen als im Juni. Kein Wunder, dass auch mehr Hunde schwer atmeten. Berti hatte seinen abgelaufenen Busführerschein in der Hand und starrte ihn an.

Dann fiel Bertis Blick auf den Abreißkalender, den Nele ihm letztes Jahr zu Weihachten geschenkt hatte. Es war ein Abendkalender. Von so etwas hatte Berti bisher nie etwas gehört. Man sollte das Kalenderblatt mit einer Weisheit darauf abreißen und dann umdrehen. Auf der Rückseite stand in schlichten Großbuchstaben.

Erkenntnis des Tages

und ein Doppelpunkt mit vier Leerzeilen darunter.

Das letzte Mal hatte Berti das Blatt im Juli abgerissen und eine Erkenntnis hatte er noch nie formuliert. Dafür schämte er sich ein bisschen, denn er fand die Idee schön und Nele hatte sich etwas dabei gedacht. Berti riss das Kalenderblatt ab. "Die mit Tränen säen, werden mit Freuden ernten!" (Psalm 126). Wie schön, dachte Berti, dreht das Blatt um und schrieb darauf:

Erkenntnis des Tages: Ach ja! (Seufz)

Führerscheinverlängerung

Als sich Berti damals im Zaun gefunden hatte, war sein erster Gedanke, dass er nie wieder einen Bus steuern würde. Er hatte oft darüber nachgedacht, warum ihm dieser Gedanke gekommen war.

"Gedanke gekommen ..." auch so eine seltsame Formulierung. Manchmal machte man sich so seine Gedanken und manchmal kamen sie. Dieser war gekommen, da war Berti ganz sicher. Er hatte ihn nicht selbst gemacht. Es fühlte sich damals für ihn so an, als habe Gott gesagt: "Ich schicke Dich jetzt in diesen Zaun, damit sich etwas ändert. Ob Dir das gefällt oder nicht." Ja, ob es ihm gefiel oder nicht. Es hatte sich etwas verändert. Er war jahrzehntelang souverän, meist fröhlich und erfüllt Bus gefahren. Er mochte die großen Fahrzeuge, den Kontakt zu den Fahrgästen und die Kolleginnen und Kollegen. Er mochte das Putzen der großen Frontscheibe und den Fahrscheinverkauf. Er liebte es, Kinderwagen und Rollatoren ein- oder auszuladen. Und er liebte es, zwischendurch auch einmal verbotenerweise jemanden umsonst mitzunehmen. Das alles war auf einen Schlag vorbei. Krankschreibung, Kündigung und dann sehr viel Zeit für den kleinen Hering. Den Busführerschein hatte er dann nicht mehr verlängert. Und nun hatte er noch vier Wochen Zeit, um ihn wieder zu aktivieren. Das konnte man sieben Jahre nach nicht erfolgter Verlängerung tun. Bis Mitte Dezember musste er die Arbeitsmedizinische Untersuchung, den Erste-Hilfe-Kurs, einen Sehtest und noch andere Formalitäten erledigt haben. Hier saß Berti nun und grübelte traurig, während Hering in verständnisvoll anschaute. Nie wieder Busfahren. Nie wieder Busfahren? Was, wenn seine Meinung sich änderte und ihm ein anderer Gedanke kam? Was, wenn er als Opa plötzlich mehr Geld brauchte, um Spielzeug zu kaufen? Busfahrer wurden händeringend gesucht. Warum nicht ein oder zweimal die Woche ganz entspannt einen Schulbus steuern? Berti erinnerte sich an den Zaun. Als er mit offenem Mund vor dem kaputten Bus stand, kam ein junger Mann zu ihm gelaufen. Er fragte, ob er ihm helfen könne. Berti hatte nichts gesagt. Zu sehr war er mit dem Gedanken beschäftigt, dass er nie wieder Bus fahren würde. Der Mann hatte ihm dann die Hand auf die Schulter gelegt und irgendetwas gemurmelt, das wie "Hauptsache der Kopf ist noch dran" klang. Hinter dem Zaun war ein tiefer Graben. An all das musste Berti immer wieder denken. Und nun "machte" er sich also Gedanken. "Stell das Schicksal nicht auf die Probe", flüsterte eine Stimme in ihm. Und so seufzte er kurz, tätschelte Hering und legte den abgelaufenen Busführerschein wieder in die Schublade. In vier Wochen war er weg, ein für allemal. Dann müsste er ihn komplett neu machen, wenn er sich nochmal hinter das Lenkrad setzen wollte. Vielleicht war es gut so. Gut, dass er sich dann nicht mehr damit beschäftigen musste und wusste, dass es einfach vorbei war. Berti glaubte nicht an Schicksal, daher ärgerte er sich über die Stimme in seinem Kopf. Gleichzeitig mochte er aber auch, dass sie ihm gelegentlich etwas zuflüsterte. Es gab so viele Dinge zwischen Himmel und Erde, die man nicht erklären konnte. Berti glaubte noch immer an Gott, auch wenn er sich manchmal fragte, warum dieser nicht mehr in Bertis Sinne regelte. Weltfrieden, keine Armut, keine Krankheiten und ähnliche Wünsche gab Berti trotzdem nicht auf.

Hering hatte sich hingelegt und schnarchte. Berti musste daran denken, wie die Kinder früher bei Oskar im Korb gesessen hatten. Oskar war einer der Vorgänger von Hering. Wenn er an früher dachte, wurde Berti manchmal auch ein bisschen traurig. Er hatte die Zeit geliebt, in der die Kinder noch alle zuhause und die Tage so reich gefüllt waren, dass man manchmal kaum zum Sitzen kam. Als Niklas schließlich auch ausgezogen war, musste Berti weinen. Es war kein verzweifeltes Weinen, sondern eines, in dass sich liebevolle Wehmut und auch Dankbarkeit mischten. Alle vier hatten ein eigenes Leben. Nora war Lehrerin. Nina verdiente viel Geld mit irgendwelchen Apps. Nils hatte mit seiner Musik irrsinnig viele Klicks und bekam ab und zu noch mal ein Scheinchen zugesteckt. Das fand Berti in Ordnung, denn er bewunderte Nils für seine Beharrlichkeit, selbständiger Musiker sein zu wollen. Trotzdem verdiente man pro Stream im Internet aber eben nur 0,003 Cent. Ein Skandal wie Berti fand. Kunst rechnete sich nur noch im Bereich der globalen Reichweite. CDs und Platten ein Relikt aus grauer Vorzeit. Niklas war mit seinen jungen Jahren bereits Chef einer Jugendherberge. Auch auf ihn war Berti mächtig stolz. Er lächelte beim Gedanken, welches Chaos die Kinder manchmal früher zuhause verursacht hatten. Natürlich war nicht alles gut. Alle hatten auch Sorgen. Und sie waren weder perfekt, noch war es die Familie. Nele hatte ihn gekniffen, als er bei Niklas Auszug weinen musste. Und dann erzählte sie ihm einen Witz:

Ein Rabbi, ein katholischer Priester und die lustige Pfarrerin diskutieren über die Frage, wann das Leben beginnt. Der Priester sagt: "Ist doch klar, bei der Zeugung". "Naja," sagt die lustige Pfarrerin. "Vielleicht doch erst so richtig bei der Geburt?" "Oh nein", entgegnete der Rabbi. "Das Leben beginnt, wenn die Kinder aus dem Haus sind."

Und dann mussten sie natürlich lachen. Nele brachte Berti oft zum Lachen. Und sie brachte die Dinge genauso oft auf den Punkt: "Loslassen, Dickerchen!" sagte sie und ging wieder ins Haus, als der Umzugswagen weg war.

Ja, loslassen. Nun ließ Berti sein Leben als Busfahrer los und hoffte, dass er bald schon den Führerschein ähnlich milde lächelnd betrachten konnte, wie die Kinderbilder. Er war dank des Zaunes nicht in den Graben gefahren. Der Kopf war noch dran und alle Welt wusste, dass auch dies nicht selbstverständlich war. Es war Abend geworden. Berti hatte lange hier am Tisch gesessen. Vor ihm lag ein Büchlein. Sein Schwiegervater Reinhard hatte es ihm kurz vor dessen Tod geschenkt. Wenn Berti etwas einfiel, brachte er seitdem die Gedanken zu Papier. "Etwas einfiel" - schon wieder so eine kauzige Redewendung. Es kam der Gedanke, er machte sich den Gedanken, es fiel ihm etwas ein. Kopfklappe auf, reinlassen, Kopfklappe zu. So einfach war das. In seinem Büchlein hatte er Erinnerungen aufgeschrieben. Erinnerungen an Menschen, die ihm etwas bedeutet hatten. Gebete. Situationen und Träume, die er nicht vergessen wollte. Vor vielen Jahren hatte er wilde

Träume gehabt. Sehr realistisch. Er träumte, dass er mit einem Gefährten durchs Land der Zeit Jesu zog. "Wahnsinn", hatte Nele immer gesagt, wenn er ihr davon erzählte. "Wahnsinn und ein bisschen irre!" Ein bisschen irre fand Berti nicht schlimm. Im Büchlein standen außerdem 15 Psalm-Übertragungen. Nils musste so etwas mal in der Schule machen. Alte Gebete, neu formuliert. Nils hatte es so toll gemacht, dass er sein ganzes Umfeld für eine Zeit lang damit inspirierte. Opa Reinhard, pensionierter Pfarrer, hatte sich so sehr gewünscht, dass sie es schaffen würden, alle 150 Psalmen zu übertragen. Aber nach dem 15. war Reinhard gestorben. Einfach so. Er stand mit der Axt in der Hand im Garten und fiel vor Bertis Augen um. Berti war hingerannt und als er merkte, dass Reinhard nicht mehr atmete, wollte er ihn wiederbeleben. In diesem Moment erinnerte er sich an einen Zettel, der an Reinhards Fernsehsessel hing. Dort stand: "Sollte der Besitzer in diesem Sessel versterben, sind Wiederbelebungsversuche streng verboten!"

Berti sah Reinhard mit dem Gesicht zum Himmel auf dem Boden liegen. Nach 81 Jahren auf Gottes schöner, manchmal schwerer Welt. Er sah einen Frieden in diesem Gesicht, den er noch nie zuvor gesehen hatte. Dann nahm er Reinhards Hand und weinte wieder diese Tränen der Wehmut und der Dankbarkeit. Nele hatte dieses Bild von weitem beobachtet. Sie kam raus, setzte sich dazu und nahm die andere Hand ihres Vaters. So saßen sie da, ganz still und wissend, dass es in diesem Moment rein gar nichts zu tun gab. Nur zu lassen.

Berti nahm Reinhards Büchlein in die Hand und blätterte es durch. Er hatte es sehr lange nicht mehr in die Hand genommen. Da stand Psalm 4, den hatte Reinhard vor vielen Jahren einfach so aus dem Stegreif übertragen. Berti hatte ihn damals hastig mitgeschrieben. Kaum lesbar das Gekritzel: "Ich kann ruhig schlafen, denn bei Dir bin ich geborgen." Ja.

Heute wollte er kein Kalenderblatt abreißen. Außerdem war seine Erkenntnis zu lang für die vier kleinen Leerzeilen. Er nahm seinen alten Füller aus der Schublade, klopfte wie immer dreimal mit der Spitze sanft auf das Papier und schrieb:

Erkenntnis des Tages: Es gibt nichts, was man nicht eines Tages loslassen muss. Da war doch dieser Busführerschein jetzt eher eine leichte Lektion. Vielleicht eine Übung für schwerere Zeiten.

Schulbegleiter

An einem strahlend schönen Dezembermorgen stand Berti vor dem Haus und betrachtete die leere Zeitungsrolle, in die sonst um diese Zeit immer von einem engagierten Jugendlichen das Käseblatt gestopft worden war. Berti dachte dann an die Zeit, in der er mit Nina, Nils und dem kleinen Niklas mit dem Bollerwagen umhergezogen war und sie hunderte von Käseblättern in hunderte von Zeitungsrollen gestopft hatten. "Eigentlich sollen die beiden das alleine machen!" hatte Nele regelmäßig mit einem Hauch Vorwurf in der Stimme gesagt. Aber das Austragen und der auf den Zeitungen sitzende Niklas machte Berti einfach zu viel Freude, als dass er den ganzen Spaß seinen Kindern überlassen hätte. Hier ein Schwätzchen und dort eine Tafel Schokolade von der einsamen Frau Rohde, die jeden Mittwoch auf das Käseblatt wartete, weil sie sich keine andere Zeitung leisten konnte.

Nach dem Ausscheiden aus dem Fahrdienst war Berti erstmal zuhause geblieben. Der Betriebsrat hatte gesagt, das Arbeitslosengeld sei eine Versicherungsleistung und es sei Bertis gutes Recht, nun erstmal zu überlegen, was er machen wolle. "Sehr witzig", hatte Berti gedacht. Als ginge es nur darum, was er machen WOLLE. Irgendetwas MUSSTE er ja machen, denn zwei von vier Nachkommen waren damals noch in der Ausbildung, Hering wollte sein Futter und die Heizkosten wurden nicht günstiger. So studierte er nach ein paar Wochen regelmäßig besagtes Käseblatt. Das hieß natürlich anders, aber der Volksmund nennt nun einmal Anzeigenblätter so, damals im Rheinland und mitunter auch hier in Ostfriesland. Nora, seine Älteste, hatte ihm darüber mal einen kleinen Vortrag gehalten. "Man bekommt sie ungefragt und das Verhältnis Werbung zu journalistisch verantworteten Beiträgen ist drei zu eins. Bei Tageszeitungen ist es mindestens umgekehrt." Berti war wirklich stolz auf diese vier so unterschiedlichen Nachkommen.

Eines Tages fand er seinerzeit eine Annonce, in der Schulbegleiter gesucht wurden. Es sei Fingerspitzengefühl gefragt und pädagogisches Geschick, allerdings keine weiteren Vorkenntnisse. "Das ist ja typisch", sagte Berti zu Nele. "Jeder Hanswurst wird heutzutage auf Kinder losgelassen." Nele runzelte die Stirn und sagte nur leise: "Manchmal ist ein Hanswurst der bessere Begleiter."

Berti fragte Nina, was sie davon hielte. Erst lachte sie: "Du? Echt jetzt? Ich kenne Deine Zeugnisse, Papa. Und alle Geschichten vom Um-Die-Schule-Laufen."

"So meinte ich das doch gar nicht", entgegnete Berti. "Nicht für mich. Ich frage für einen Freund." Nina wurde nachdenklich: "Wenn Dein Freund so drauf ist wie Du. Naja. Vielleicht wäre gerade dies ein Segen für manches Kind." Berti fand den Gedanken so abwegig, dass er sich selbst wunderte, wie dieser ihn gleichzeitig anzog. Nele, Nina und Berti recherchierten ausführlich, worum es bei der Schulbegleitung ging. Ein einzelnes Kind, welches intensive Betreuung brauchte, im Schulalltag begleiten. "Die Bezahlung ist genauso erbärmlich wie bei den Stadtwerken", sagte Nina. "Passt also zu Dir!"

Berti meldete sich bei einem Kurs für ungelernte Schulbegleiter bei einem öffentlich anerkannten Träger der Erwachsenenbildung an. Wieder so eine Bezeichnung, die bei Berti gleichzeitig Fremdheitsgefühle und Minderwertigkeitskomplexe auslöste. Er war damals vom Gymnasium geflogen, weil er dort nicht mehr um die Schule rennen durfte und es viele verschiedene Lehrer gab, deren Namen sich Berti nicht merken konnte. Es gab keine Schulbegleiter, wohl aber einen strengen Psychologen, der Berti irgendwelche Tropfen aufschreiben wollte, damit er besser stillsitzen kann. "Kommt nicht in Frage", hatte Bertis Vater gesagt. Der war zwar selten nüchtern, aber im Grunde kein schlechter Kerl. Er wollte keine Beruhigungsmittel für seinen Jungen. Vielleicht weil er selbst dem Beruhigungsmittel Alkohol so chancenlos ausgeliefert war. Berti kam auf die Hauptschule, schaffte irgendwie einen Abschluss und war Meister darin, den wenigen auf Krawall gebürsteten Mitschülern aus dem Weg zu gehen. Wohl aber lernte er die vielen Stillen kennen. Manchmal staunte er über zaghaft aufblitzende Talente in einer Projektwoche oder beim Vorlesen. Und er fragte sich schon damals, ob es richtig sei, dass Kinder schon in verschiedene Schulformen gesteckt werden, bevor sie 11 Jahre alt waren. Zwei seiner vier waren daher auf Gesamtschulen gegangen. Zwei seiner vier hatten Abitur gemacht. Zwei seiner vier waren ihren Weg auch ohne die Hochschulreife gegangen.

Meistens war Nele zu Elternabenden gegangen. Berti bekam in Schulgebäuden Beklemmungen. Und zum Erreichen der Schulabschlüsse hatte Berti seiner Meinung nach absolut nichts beigetragen. Das hatten die Nachkommen ganz alleine geschafft.

Die Dozentin im Kurs zur Schulbegleitung war noch sehr jung. Zuerst fragte sich Berti, ob sie nicht sogar ein wenig zu jung war. Nach den immerhin vier Wochen Unterricht von Montag bis Freitag war er dann aber anderer Meinung. Wie ein Mantra wiederholte sie jeden Tag und nach jeder Stunde drei Punkte:

Sehen Sie das Kind an.

Sehen Sie sich selbst an.

Fragen Sie: Was ist jetzt dran?

Und dann solle man das Mögliche prüfen. Und dann gegebenenfalls tun oder eben auch lassen. Und ganz oft einfach nur dabeibleiben und nicht aufgeben. Natürlich lernten sie auch viel über Regeln, Auffälligkeiten, Störungen, Rechte, Pflichten und das Schulsystem. Und ganz wichtig sei ein guter Draht zum Lehrkörper (wieder so ein Wort!).

Und dann? Dann machte Berti das was seine Familie geraten hatte. Er probierte es aus. Keiner hatte gesagt "Musst Du selber wissen" oder "Wenn Du mich fragst" - einfach nur: "Probiere es aus."

Der erste Tag war zunächst der blanke Horror. Vor dem Gebäude bekam Berti eine Art Panikattacke. Er wurde zum Glück nicht sofort auf ein Kind losgelassen, sondern sollte vier Wochen hospitieren. Das klang zwar nach Krankenhaus, gemeint war aber einfach zuschauen. Berti wurde Lotte zugeordnet. Sie war nach der Kinderpause nicht mehr in den Beruf der Bürokauffrau zurückgekehrt, weil sie lieber "mit Menschen arbeiten" wollte. Im Büro arbeitete man offensichtlich mehr mit Bildschirmen. Lotte hatte Bock. Das sagte sie in jedem dritten Satz. Vielleicht war das ihr Mantra. Sie begleitete einen siebenjährigen Zappelphilipp, der Jonas hieß. Zappeljonas war ein unterhaltsamer Bursche. Er plapperte ständig dazwischen, hatte nur die Hälfte seiner Sachen dabei und machte sich etwa einmal pro Woche kurz vor der letzten Stunde in die Hose, weil er Angst vor der Schultoilette hatte. Lotte hatte eine Engelsgeduld mit ihm und manchmal hatte Berti den Eindruck, ihr Job bestünde vor allem darin, den sehr engagierten jungen Klassenlehrer von Jonas abzulenken, damit der Lehrkörper nicht ständig mitbekam, dass Jonas mit seinen Gedanken überall war, nur nicht im Klassenzimmer. Am Ende der letzten Stunde brachten Lotte und er Jonas zum Taxi. Im Bus mitfahren ging nicht, weil Jonas immer vergaß auszusteigen und bei zwei der vier gemeisterten Busfahrten nach 10 Minuten in eine Schlägerei verwickelt war. Beim letzten Mal hatte ihn ein sehr junger Busfahrer deshalb rausgeworfen. Vorher hatte er ihn mit den Worten "Bist Du behindert?" angeschrien. Diesen Ausruf kannte Berti aus seiner eigenen Zeit als Busfahrer, aus dem Schülerverkehr. Wenn alle, die das schon einmal gefragt worden sind, wirklich eine Behinderung hätten, gäbe es ein großes Inklusionsproblem. Inklusion war auch ein Stichwort, das Berti in seinem Kurs gelernt hatte. "Die redliche Absicht, sehr verschiedene Menschen unter einen Hut oder in ein Boot zu bringen." So hatte es die Dozentin erklärt.

Am zweiten Tag der vierwöchigen Hospitation war Lotte krank und Berti allein mit Jonas. Dieser Umstand traf ihn vollkommen unvorbereitet, aber er hatte ja sein Mantra:

Sehen Sie das Kind an.

Sehen Sie sich selbst an.

Fragen Sie: Was ist jetzt dran?

So schaute Berti in der ersten Stunde Jonas dabei zu, wie dieser versuchte, den Kopf nicht auf dem Tisch abzulegen. Er schien unglaublich müde zu sein. "Hast Du schlecht geschlafen", fragte Berti. "Nö", sagte Jonas. Und dann "Zwei Pillen." Später stellte sich heraus, dass Jonas in seiner Pflegefamilie schon mal einfach die doppelte Dosis des verordneten Medikaments bekam, wenn er abends keine Ruhe geben konnte. Dann war er morgens platt und lag auf dem Tisch. Nach der großen Pause war Jonas wieder der Alte. Er klopfte auf den Tisch, kippelte mit dem Stuhl und schaffte wieder die Aufgabe des Ausmalens von Zahlen ganz und gar nicht. Zählen war sowieso nicht seine Stärke. Berti sah Jonas an. Berti sah sich an und dachte an früher. Dann fragte er sich, was jetzt dran sei. In der kleinen Pause ging er zum Klassenlehrer und fragte: "Denken Sie, ich könnte mit Jonas eine Runde um den Block gehen? Ich könnte irgendetwas mit ihm zählen. Nur so ein Gedanke." Der Lehrer schaute Berti verwundert an. Dann sagte er: "Gute Idee, Berti, machen Sie das. Zahlenraum bis 50. Das mache ich dann so lange mit den anderen. Was dann geschah, war so eine Art Erfolgserlebnis. Berti rannte erstmal mit Jonas zehn Minuten kreuz und quer über den Schulhof. Dann zählten Sie

Bänke, Papierkörbe, Kastenwagen, Zigarettenstummel (hierbei wurde der Zahlenraum von 50 überschritten), Laternen, Busse, Verkehrsschilder, Menschen, Hunde, Tauben und manches, woran sich Berti nicht mehr erinnern konnte. Nach einer Stunde kamen sie außer Atmen wieder im Klassenzimmer an. Jonas zählte dann noch die Stühle und die Knöpfe am Hemd des jungen, engagierten Lehrers. Dieser murmelte beim Rausgehen etwas von "wozu habe ich eigentlich studiert". Berti vermutete, dass es irgendetwas mit den Hanswürsten als Schulbegleiter zu tun hatte.

Wirklich verrückt war, dass Berti seine Aufgabe gefiel. In den nächsten Wochen kam Lotte nicht wieder. Sie hatte Nierensteine. Und so blieb Berti bei Jonas. Und zwar bis dieser von der seligen Grundschule auf die sogenannte "Weiterführende" musste. In seinem Fall war das eine Förderschule. 9 von 10 Versuchen mit Jonas irgendetwas zu erreichen, schlugen fehl. Einmal haute er Berti sogar ab und versuchte an einem Kiosk eine Cola zu klauen. "Ausgerechnet Cola", sagte der Lehrer als Berti und Jonas mit hängenden Köpfen von der Polizei vor der Schule abgesetzt worden waren. Berti hatte den Kioskbesitzer angefleht, sie nicht zu rufen. Dieser sagte aber nur relativ kühl, dass er diese Bitte manchmal mehrmals täglich höre. "Okay", sagte Berti. "Dein Kiosk, Deine Regeln."

Berti fragte sich manchmal, ob Zappeljonas vielleicht lieber noch drei Zappeljulen und einen Zappelhassan vertragen könnte, statt lauter Normalos um sich herum. Eines Tages hatte er diese Frage nicht nur sich selbst, sondern auch dem jungen Klassenlehrer gestellt. "Inklusion ist eine absichtsvolle Haltung", hatte dieser gesagt. "Oh", hatte Berti gesagt und Jonas geholfen, sein Schulbrot zu suchen. Leider gab es keins, denn niemand hatte ihm eins mitgegeben. So teilte Berti sein Brot mit Jonas.

Im Grunde war er einfach nur jeden Tag mittags froh, wenn es keine Polizei oder andere Katastrophen gegeben hatte. Ihm war sehr schnell klar geworden, dass er Jonas nicht retten konnte. Aber Schritt für Schritt begleiten, das ging.

Berti begleitete nach Jonas noch eine Ludmilla und einen Georgios, einen Mohammed und eine Julia. Alle hatte er vor Augen und von niemandem wusste er, was aus ihm oder ihr geworden war. Er war einfach nur dabeigeblieben. Nach ein paar Jahren als Schulbegleiter hängte er diesen Job trotzdem an den Nagel. Und das im wahrsten Sinne des Wortes. Er hängte einen kleinen Bilderrahmen unbemerkt im Eingangsbereich der Schule an einen freien Nagel. Mit seinem Füller hatte er so schön wie möglich folgenden Satz hinter das Rahmenglas gebannt:

Für manche geht es hier jeden Tag ums Überleben.

Natürlich wusste Berti, dass sein Job mehr als ein Job war.

Das hatte Lotte auch immer wieder gesagt, wenn sie sich auf diversen Teamtreffen begegneten. Lotte war immer noch dabei. Berti war müde geworden, aber immer wenn er eine Zigarettenkippe sah, musste er an Jonas denken.

Er wurde durch das Rumpeln eines Bollerwagens aus seinen Gedanken gerissen. Da kam das Käseblatt. Aber der Austräger war neu. Vermutlich hatte es deshalb so lange gedauert. Ein schlaksiger großer Junge mit einer bunten Brille. Er stoppte den Bollerwagen und blieb mit offenem Mund vor Berti stehen. "Berti?" sagte er. Bertis Mund stand nun auch offen. Hier vor seinem kleinen, alten Haus in Ostfriesland brachte ihm gerade Jonas das Käseblatt. "Wie zum Henker ..." fragte Berti und dann erzählte Jonas von zwei weiteren Pflegefamilien und der Idee des Jugendamtes, ihn zwecks Verselbständigung in den Norden in eine Wohngruppe für junge Erwachsene zu schicken. Sie setzten sich auf die Zeitungen und plauderten wie alte Freunde. Jonas war viel ruhiger als früher und er hatte Pläne. Er wollte Landwirt werden. Er hatte letztes Jahr ein Praktikum gemacht und sich nun für die entsprechende Lehre beworben. Berti schüttelte immer wieder den Kopf. Sollte dieser Junge doch noch seinen Weg gefunden haben? Aus reinem Vergnügen trug Berti an diesem Tag bis in den Abend hinein mit Jonas das Käseblatt aus. Eine einmalige

Aktion, denn schon in der nächsten Woche kam wieder ein anderer Austräger. Berti fragte ihn, wo Jonas geblieben sei, aber er wusste es nicht. Berti sah Jonas nie wieder. Aber er wollte die Hoffnung nicht aufgeben, dass aus Zappeljonas ein glücklicher Landwirt werden konnte.

Wieder einmal saß Berti an besagtem Abend in der Küche und nahm sein Büchlein zur Hand.

Erkenntnis des Tages: Für mache geht es hier jeden Tag ums Überleben.

Energiekrise

Das Weihnachtsfest war in diesem Jahr anders. Nicht weil sich der Inhalt oder der Ablauf grundsätzlich verändert hätte. In erster Linie sah es anders aus. Dies lag unter anderem daran, dass die Preise für Energie auf dem Weltmarkt explodiert waren. Auch diese Redewendung fand Berti unmöglich. Als könnten Preise von allein explodieren. So hörte es sich ja an. Dabei steckten hinter dieser Entwicklung reale Krisen mit realen Entscheidern, die Druck aus alles möglichen Gründen ausübten. Schuld sei ein Krieg. Aber wer war schuld am Krieg? Berti war kein sonderlich politischer Mensch, aber es erschreckte ihn, wie die Dinge aus dem Ruder zu laufen drohten. Das Sprichwort kam aus der Seefahrt und besagte, dass wenn viel Wind von der Seite kam und sich das Segelschiff dadurch neigte, das Ruder mangels Kontaktfläche zum Wasser keine Wirkung mehr erzielte. Das Schiff geriet außer Kontrolle. Und seit einiger Zeit fragte sich Berti tatsächlich, ob die Verantwortlichen das Geschehen noch unter Kontrolle hatten.

Bertis sonst so zahlreich aufgehängte Lichterketten blieben im Keller des kleinen Hauses. Nur ein einziger Stern leuchtete in die nicht von Laternen beleuchtete Nacht. Das Gute daran war, dass Berti ihn schon von weitem sehen konnte, wenn er, wie jetzt gerade, mit Hering im Dunklen spazieren ging. Berti schaute auf die wenigen erleuchteten Fenster im Dorf. Menschen heizten nur noch einzelne Zimmer und nicht mehr das ganze Haus. In der Kirche war es kalt und man brauchte Heiligabend sicher einen Mantel und Handschuhe. Sogar die Engel beim Krippenspiel trugen vermutlich Winterjacken unter den Flügeln. "Es gibt schlimmeres", schrieb die lustige rheinische Pfarrerin in einer Nachricht aus der alten Heimat an Berti. "Es gibt fast immer schlimmeres", hatte Berti ihr geantwortet. "Eben!" schrieb sie und schickte ein SAVE THE DATE für Ostermontag. Es war ihr letztes Krippenspiel im Amt, denn schon Ostern sollte sie in den Ruhestand eintreten. Berti mochte sie, obwohl sie ziemlich übergeschnappt war. Nur er nannte sie die "lustige Pfarrerin", obwohl sie manchmal gar nicht lustig war. Sie war unkonventionell und hatte schon viele Menschen durch ihre ungeschickte Art verärgert. Aber sie saß eben auch nächtelang bei Sterbenden und opferte sich selbst bis zur Erschöpfung für ihre Gemeinde auf. Manchmal vermisste Berti seine Kirchengemeinde in der alten Heimat ein bisschen. In Ostfriesland gab es natürlich auch Kirchen. Hier gefiel ihm nicht, dass manche Pfarrer sich wie kleine Könige aufführten. "Liegt an der fehlenden Ökumene", hatte Nele mal gesagt. "Du kennst Worte", hatte Berti geantwortet, aber natürlich wusste er, was Ökumene bedeutet. Zusammenarbeit unterschiedlicher Kirchen und Konfessionen. Evangelisch, katholisch, orthodox, freikirchlich ... - und hier in Ostfriesland gab es eigentlich fast nur evangelisch. Die Pfarrer hatten meist nur ihre Kirche im Dorf und keine andere. Und in den Städten waren die anderen Gemeinden meist kleiner. Ganz gut fand Berti, dass man die Pfarrer hier Pastor oder Pastorin nannte.

„Das bedeutet Hirte", hatte ihm die lustige Pfarrerin erklärt, als er sie nach der Bedeutung gefragt hatte. „Und was bedeutet Pfarrerin?" hatte er weiter gefragt. „Eigentlich so etwas wie Nachbarin. Kommt aus dem Griechischen." Berti fand, dass eine Kombination von Hirtin und Nachbarin eine gute Sache war, wenn man bei der Kirche etwas zu sagen hatte!

Wenn sie zum Gottesdienst gehen wollten, fuhren Nele und er in ein etwa 10 Kilometer entferntes Dorf. Dort gab es eine kleine Gemeinde, in der abwechselnd ein Landwirt, die pensionierte Grundschullehrerin und die Besitzerin des Tante-Emma-Ladens predigten. Die Kirche war klein, aber das Herz der Menschen groß. Einen Pastor hatten sie schon lange nicht mehr, denn die meisten Pastorinnen und Pastoren wollten in die Stadt. Immer noch erzählten sie aber von den früheren Pastoren. Da war ein ganz strenger, ein ganz milder, ein ganz frommer und dann zum Schluss ein ziemlich irrer, der nebenher lauter andere Jobs machte, weil es in dem kleinen Dorf nur eine Teilzeit-Pastorenstelle gab. Es hieß, er sei sogar mal Bus gefahren, habe Brötchen verkauft, Mähdrescher gereinigt, Reifen gewechselt und sogar das Käseblatt ausgetragen! Klang wirklich ein bisschen irre. Als er in den Ruhestand ging, war Schluss. Die Kirchenleitung hatte der kleinen Gemeinde nur eine noch kleinere Teilzeitstelle zugesprochen. Als der Bischof sagte, es käme wohl keiner mehr, sollte die kleine Gemeinde mit einer Großen fusionieren. Da sie aber seit Jahren sowieso schon viele Dienste aufgeteilt hatten, stellten sie sich auf die Hinterbeine und setzten mit einer Treckerdemo durch, dass sie das verbleibende Geld für die Teilzeitpastorenstelle für eine Gemeindeschwester und eine Sekretärin ausgeben durften. Und so entstand etwas ganz Bezauberndes. Eine Gemeinde mit vielen Hirtinnen und Hirten und keinem kleinen König.

Nele und Berti vermissten das Rheinland insgesamt nur selten.

Im Karneval vielleicht, den es im Norden ja auch nicht so richtig gab. Deswegen fuhren Nele und er auch einmal im Jahr zu Nora an den Rhein. Und feierten fast wie früher mit einer Träne im Auge und Wildfremden im Arm. Von den früheren Freundschaften war fast nichts geblieben. "So ist das nun mal", sagte Günter. Er war der Einzige, mit dem Berti noch Kontakt hatte. Günter, ein ehemaliger Kollege, der regelmäßig anrief. "So eine treue Seele", sagte Nele immer. Erst letzte Woche hatten sie miteinander gesprochen. "Und was gibt´s neues?" hatte Berti wie immer gefragt. "Ich glaube Kollege Lutz ist im Knast", sagte Günter. "Was? Woher weißt Du das denn?" fragte Berti. "Ich weiß es gar nicht, aber er ist einfach verschwunden. Gekündigt und weg. Und ein Nachbar hat erzählt, die Polizei hätte Computer aus seiner Wohnung getragen, morgens um fünf." "Kaum zu fassen", sagte Berti und fragte sich, was die Polizei wohl auf den Computern vermutete. Steuerhinterziehung war bei einem Busfahrer ja eher nicht zu erwarten. Lutz war ein smarter, sportlicher Typ. Berti dachte an die Berichte über Kindesmissbrauch und riesige Netzwerke von Männern, die Kinderpornographie auf ihren Computern hatten. Er war so wütend darüber. Lutz hatte immer damit angegeben, dass er Fußballtrainer einer Jugendmannschaft war.

Niemand hatte also je wieder etwas von Kollege Lutz gehört. "Er war eigentlich ein netter Kerl", sagte Berti. "Das sind sie alle. Sehr nette Kerle!" sagte Günter und wechselte das Thema. Und das war es dann. Themenwechsel, weil ja nicht sein konnte, was nicht sein durfte. Weil nicht sein durfte, was nicht sein konnte. Und weil "man" es sich einfach nicht vorstellen wollte oder konnte! Themenwechsel, weil man ja auch nichts Genaues wusste und man ja schließlich auch niemanden zu Unrecht verdächtigen wollte. Berti dachte an die Kinder. An die, deren Leid niemand beweisen konnte und die ihren Trainern, Pfarrern oder Betreuern vertraut hatten. Und das, weil man ihnen beigebracht hatte, Erwachsenen zu vertrauen. Vielleicht ging das auch gar nicht anders und war gerade deshalb so furchtbar.

"Sie haben mir doch tatsächlich meinen Behindertenausweis weggenommen! Ich hatte mich gerade daran gewöhnt! Alle zwei Jahre prüfen die das neu." Günter nahm Psychopharmaka und nannte sich selbst zum Spaß gerne einen Psycho. Einen gutmütigen und funktionierenden Psycho. Nur wenn er seine Tabletten nicht nahm, geriet manches außer Kontrolle. Er versuchte dann zum Beispiel Kranke durch Handauflegen zu heilen. "Eine gute Idee", pflegte Nele zu sagen und auch die lustige Pfarrerin hatte mal gesagt, dass man ihm einfach mal was zutrauen solle! Auch so konnte man mit Verhaltensoriginalität seiner Mitmenschen umgehen. Berti war es trotzdem lieber, wenn Günter seine Medikamente nahm. Der Stoffwechsel war eine komplizierte Angelegenheit und es war in Ordnung, dass man ihn hin und wieder mit Chemie ins Gleichgewicht bringen musste. Ob man deshalb gleich Kinder im großen Stil sedieren musste, wie das ein rheinischer Psychiater getan hatte, wagte Berti jedoch zu bezweifeln. Zappeljonas hatte auch die Behandlung dieses Arztes und Bestsellerautors genossen. Manchmal mit dem Kopf auf dem Tisch.

Berti und Günter tauschten noch die Höhe ihrer neuen Abschlagszahlungen für Strom und Gas aus. "Selig sind die, die in einem kleinen Haus wohnen", sagte Berti. "Denen im großen Haus ist die Höhe des Abschlags aber vielleicht scheißegal", entgegnete Günter. Da hatte er recht. "Und wie geht es Dir sonst?" fragte Berti. "Die Pillen machen mich oft sehr müde", antwortete Günter und Berti musste sofort an Zappeljonas denken. Was für ein Dilemma. Ohne Pillen durchgedreht, mit Pillen hundemüde. "Ich glaube, ich habe eine mentale Energiekrise", lachte Günter plötzlich. Er war einer von den Menschen, die selbst im tiefsten Schlamassel noch einen Witz machen konnten. Auch dafür bewunderte Berti seinen Freund.

"Persönliche Energiekrise", dachte Berti und schaute die dunkle Dorfstraße hinauf, an deren Ende ihr Haus stand und der Stern fast trotzig in die Dunkelheit schien und im Wind leicht hin und her schaukelte. Hering zog wie immer wie ein Besessener. Daher hatte sich Berti die Leine um den Leib gebunden, so dass er sich mit seinem ganzen Gewicht dagegenstemmen konnte. Hering keuchte und Berti sagte zum tausendsten Mal: "Es zwingt Dich niemand, so zu ziehen!" Zum ebenfalls tausendsten Mal hörte Hering entweder nicht zu oder es war ihm egal. Vielleicht dachte er ja auch "Ich ziehe halt gerne". Ein Tierarzt im Rheinland hatte Nele und ihm tatsächlich mal ein Beruhigungsmittel für den Hund empfohlen. Sie hatten laut lachend die Praxis verlassen und sich nachhause ziehen lassen.

Berti trocknete den plötzlich lammfrommen Hering ab und sagte wie immer: "Was bist Du doch für ein reizender Bursche." Hering drückte sich an ihn. In diesem Jahr würden sie zum ersten Mal Heiligabend allein sein. Alle vier Nachkommen hatten fast unterwürfig gefragt, ob das echt okay sei und ihnen scheinbar nicht geglaubt, dass Nele und Berti sich fast darauf freuen. Sie würden die Stube heizen, den "Kleinen Lord" laufen lassen und von Enkeln und Geschenkeschlachten träumen. Hering würde auf seinem Schoß liegen und nach genau einer Stunde Schwung holen und mit einem großen Satz rüber zu Nele springen. Die würde aufjaulen, erst schimpfen, dass sie ihn nicht eingeladen habe (das war laut Tutorial 576 sehr wichtig, wenn man Hunde auf Sessel ließ), und ihn dann durchstrubbeln und sagen, was er für ein reizender Kerl sei.

Berti zückte den Füller und schrieb:

Erkenntnis des Tages: Es gibt fast immer schlimmeres.

Herzlichen Glückwunsch

Berti war ein Winterkind und hatte im Januar Geburtstag. Winterkind zu sein bedeutete aber seiner Meinung nach auch, den Winter besonders zu mögen. Wie gerne war er früher mit Oskar (Vor-Vorgänger von Hering) oder Käthe (Vorgängerin von Hering) durch den Schnee gestapft. Besonders Käthe liebte den Schnee und drehte dann so richtig auf, raste wie ein gestochenes Schwein (das arme Tier) über die rheinischen Wiesen und wirkte so, wie man es bei Mensch und Tier gleichermaßen formulierte: Glücklich!

An diesem späten Januartag ließ sich Berti nun von Hering durch sein ostfriesisches Dorf ziehen. Schnee lag nicht, aber es war bitterkalt. "Das war ja klar", dachte Berti. Jahrelang T-Shirt-Wetter im Winter und nun, wo Gas und Strom das Vierfache kosteten, Dauerfrost. Er verwarf die Frage, ob Gott das anders regeln könnte, sofort. Solche Fragen hatten noch nie weitergeführt. Gott war eben Gott. Selbst das Wetter hatte der Mensch inzwischen aus eigener Kraft aus dem Ruder laufen lassen. Als Hering mit seinen Pfoten auf einer kleinen Eisfläche durchdrehte (können Pfoten durchdrehen?), ertappte sich Berti dabei, wie er an die glückliche Käthe im Schnee dachte. "Bist Du glücklich?" fragte Berti den Hund. Hering hörte kurz auf zu ziehen und sah ihn an. Und dann zog er wie ein Besessener weiter und Berti hörte seinen verstorbenen Schwiegervater flüstern: "Alles hat seine Zeit."

Opa Reinhard hatte immer ein Bibelwort parat. Als Berti mal mit einem sehr schönen Gebrauchtwagen rückwärts an einen Pfeiler fuhr, sagte Beifahrer Reinhard: "Der Herr hat´s gegeben. Der Herr hat´s genommen. Gelobt sei der Name des Herrn."

"ICH bin an den Pfeiler gefahren!" zischte Berti und ärgerte sich tagelang über seine eigene Dummheit und fragte sich, wie er die Reparaturkosten aufbringen sollte. Dies quittierte Reinhard prompt mit: "All eure Sorge werfet auf Gott, denn er sorgt für euch!" Und dann zückte er sein Portemonnaie und überreichte Berti zwei braune Geldscheine. Immerhin!

"Der Herr legt uns Lasten auf, aber hilft uns auch", resümierte Reinhard und ging pfeifend in den Garten.

Manchmal vermisste Berti Reinhard sehr. Manchmal auch Käthe. Dafür konnte Hering nichts und es stimmte wirklich: Alles hat seine Zeit. Die Politiker sprachen im Angesicht der aktuellen Lage von einer Zeitenwende. Das verstand Berti nicht, obwohl auch er sich viele Sorgen um die Zukunft machte. Als er jünger war, gab es natürlich auch schon Krisen. Große Krisen sogar. Kriege, brennende Unterkünfte von Asylsuchenden, Epidemien, Tsunamis und Amokläufe. Berti hatte früher aber nie das verloren, was ihm nun langsam abhanden zu gehen schien: Das Urvertrauen. Vertrauen darauf, dass es am Ende doch gut werden sollte, dass die Finsternis nicht siegte. War das mit Zeitenwende gemeint?

Auf der anderen Straßenseite kam ihm eine Frau mit Kind entgegen. Er kannte sie nicht und wunderte sich ein bisschen. Wer mochte das sein? Sie wirkte irgendwie verloren. Das Kind hopste neben ihr hin und her, schlitterte auf dem rutschigen Gehweg und rief dann etwas, das Berti nicht verstand. War es eine andere Sprache? Berti winkte, so gut das mit dem ziehenden Hering ging, und rief: "Moin!" Die Frau winkte wortlos zurück und rang sich ein Lächeln ab. Moin! Daran hatte er sich schnell gewöhnt. Es war kurz, knapp und beinhaltete nur Gutes. Das plattdeutsche Wort moi bedeutete ja so viel wie gut oder schön. "Wat moi", riefen Menschen entzückt aus, wenn ihnen etwas besonders gut gefiel. Und Moin bedeutete daher, dass man seinem gegenüber schlicht und ergreifend nur Gutes wünschte. Einen guten Morgen, Vormittag, Mittag, Nachmittag, Abend oder sogar eine gute Nacht. Immer als Begrüßung und immer auch völlig fremden Menschen gegenüber, wenn man sie zufällig traf. Natürlich nicht in der Fußgängerzone von Aurich, aber Berti hatte nie erlebt, dass er zum Beispiel wie im Rheinland an Spaziergängern wortlos vorüber ging. Ein Moin war immer drin!

Und so wünschte Berti dieser Frau also nun "einen Guten". Er ahnte, dass ihr Tag nicht besonders gut war, aber natürlich war das nur ein Gefühl.

Zuhause angekommen machte sich Berti einen Tee. Früher für ihn undenkbar, hatte er sich auch diese ostfriesische Tradition zu eigen gemacht. "Tass Tee geit elke Stünd", hatte die Nachbarin ihnen beim Einzug erklärt und damit gemeint, dass es "bi us" nie kompliziert sei, weil man einfach immer Tee trinken konnte und sich die Uhr dann etwas langsamer drehte. Dies brachte man zum Beispiel dadurch zum Ausdruck, dass man den Hauch Sahne mit dem Löffel in einem gekonnten Schwung gegen den Uhrzeigersinn in die Tasse ausbrachte. Vor dem Tee kam der Kluntje rein, großer Kandiszucker, der knisterte, wenn der heiße Tee auf ihn traf. So ein Klumpen reichte für drei winzige Tassen. Die waren Pflicht. Man rührte deshalb aber auch nicht um. Den Löffel brauchte man nur, um zu demonstrieren, dass man nun genug Tee getrunken hatte. Man stellte ihn in die Tasse und nun war klar: Hier nicht mehr nachschenken. Berti trank auch Tee. Allerdings ohne Sahne und ohne Kluntje. Das war seine stille rheinische Eigenart, die zwar mit einem leichten Kopfschütteln, aber insgesamt versöhnlich akzeptiert wurde. Ähnlich war es mit dem Schnaps. Man trank ihn eigentlich zu fast jeder Gelegenheit. Irgendwann hatten die Nachbarn verstanden, dass Berti nicht mittrank. Dies quittierten sie nicht mit einem Kopfschütteln, sondern mit einem leichten Schulterzucken, woraufhin Berti dann regelmäßig "Nütscha nix" entgegnete. "Nütscha nix" passte eigentlich fast immer. Trauernde sagten es auf die Frage wie es Ihnen geht. Man kommentierte aber mit dieser Redewendung ebenso die Benzinpreise oder die anstehende Frühschicht. Auch der wieder nicht erfolgte Aufstieg des Lieblingsvereins, die Erkältung oder die politische Weltlage waren immer gut für ein "Nütscha nix". Es nützte ja tatsächlich nichts. "Mut jo wiede gonn!" Es musste weiter gehen. Eine Haltung, die Berti auch schon früher oft bei den Älteren gefunden hatte. Vielleicht hatte die frühere Not diese Haltung geprägt. Und nun? Das Urvertrauen schwand und Berti fragte sich, in was für eine Welt der Kleine auf der anderen Straßenseite schlitterte. Zeitenwende?

Es klapperte am Briefkasten. Berti stand auf. Er wartete auf ein Knöllchen und hoffte, dass ihm entscheidende Kilometer pro Stunde zu einem Bußgeld fehlten und er mit einem Verwarngeld davon kam. Selbst das war "sündhaft" teuer geworden. Nele und er befanden sich in einer Art Wettstreit. Sie waren beide oft dermaßen unaufmerksam, dass sie sichere Beute für feste oder mobile Geschwindigkeitskontrollen waren. Immer ein bisschen drüber. 56 statt 50 kosteten aber eben auch schon 30 Euro. "Schön blöd", hatte Nele neulich gesagt, als sie bei einem Ausflug ans Meer wieder geblitzt wurden und Berti am Steuer saß. Sein Triumph war groß, als er ein paar Tage später die Post vom Landkreis öffnete und Nele auf dem Foto zu sehen war. Es war einen Tag vor dem Ausflug aufgenommen worden. "Nütscha nix", sagte Berti und schrieb eine weitere Zahl auf ihre Liste mit "unfreiwilligen Zuwendungen zum Haushalt des Landkreises." Sie wollten davon überzeugt bleiben, dass mit ihren Zahlungen nur Gutes bewirkt wurde. "Wir finanzieren damit Kindergärten und Krankenhäuser", hatte er unlängst gejubelt, als er im laufenden Jahr mit 3:2 in Führung gegangen war. Nun stand es 4:4. Ein bisher nie dagewesenes Ergebnis. Ein wenig zu torreich, befand Nele und klebte ein Warnschild auf das Armaturenbrett. "Opjepaas" stand da in Schönschrift, die rheinische Aufforderung zur Aufmerksamkeit bei Geschwindigkeitsbeschränkungen.

Berti öffnete den Briefkasten. Keine Post vom Landkreis, sondern eine Karte mit Umschlag aus dem Rheinland. Nora schrieb ihnen nie! Also nicht selten, sondern niemals nie. Der Umschlag war an sie beide adressiert. Berti wartete daher bis zum Abend. Als Nele und er am Tisch saßen, zückte Berti den Umschlag und legte ihn vor sie hin. "Post von Nora", sagte er. "Wat?" sagte Nele und zog die Augenbrauen hoch. "Mach Du ihn auf", fuhr sie fort und das ließ Berti sich nicht zweimal sagen.

Auf der mit Sonnenblumen verzierten Karte stand "Herzlichen Glückwunsch zum Geburtstag" und darunter war schwungvoll von Nora ergänzt worden: "im Voraus". Bertis Geburtstag war erst in einer Woche. Nele und er schauten sich fragend an. "Aufklappen", befahl Nele dem ratlosen Berti. Sonst gab es zum Geburtstag in der Regel eine bemühte Smartphone-Audio mit Gesang, aber eine Karte eine Woche zu früh, das war neu! Berti klappte sie gehorsam auf. Er nahm die Karte, setzte sich neben Nele auf das Küchensofa und dann starrten sie minutenlang den Inhalt an. Es war die Kopie eines schwarz-weißen, medizinischen Computerbildes. Nele und Berti erkannten natürlich sofort, was es zeigte. Schließlich hingen vier davon im Wohnzimmer in einem Holzbilderrahmen.

Unter dem Ultraschallbild stand. "Herzlichen Glückwunsch im Voraus an Otto-Mathilda zum voraussichtlichen Geburtstag am 30. Juni."

Und weiter unten: "PS. Papa bekommt wie immer ne Audio."

Das war alles. Diesmal fing Nele als erste an zu heulen und dann heulten sie gemeinsam weiter. Irgendwann hatten sie sich beruhigt. Nacheinander riefen sie alle Nachkommen an. Sie sagten ihnen, wie sehr sie sie liebten und das nichts auf der Welt geschehen könne, was diese Liebe auslöschen könne.

Nora sagte: "Ich Euch auch."

Nina sagte: "Ich Euch auch."

Nils sagte: "Kommt mal runter."

Bei Niklas mussten sie auf die Mailbox sprechen.

Tief in der Nacht schrieb Berti in sein Büchlein:

Erkenntnis des Tages: "Wat moi!"

Alles Gute für die Zukunft

Der Winter war lang und mancher hatte ihn mit dem letzten Rest Leben bezahlt. Dieser Satz aus einem Lied des stets bemühten, aber dennoch wenig erfolgreichen Liedermachers Norbert Kowalski, kam Berti in den Sinn, als er in die Frühlingssonne schaute und versuchte daran zu glauben, dass eben doch alles gut wird. Natürlich wusste er, dass auf Erden nie alles gut wird. Berti glaubte aber nun einmal unerschütterlich an den Himmel auf Erden.

Gestern waren sie auf einer Hochzeit. Die freundlichen Nachbarn wollten sich das Ja-Wort geben. Junge Leute, die Nele und Berti mochten. Und scheinbar war es auch umgekehrt so, denn sonst hätten Corinna und Michael sie ja nicht eingeladen. Nele und Berti waren von der Hochzeit überwältigt. Die Dorfkirche festlich geschmückt mit zahlreichen Bögen! Das Fertigen von Bögen war hier bei allen möglichen Anlässen üblich. Man bekam Bögen zum Einzug, zur Hochzeit, zu bestimmten Geburtstagen, zu Ehejubiläen, zum Ruhestand und noch mehr. Die Vorgärten wurden mit Herzen,

Kränzen und auch anderen kreativen Werken geschmückt. Michaels Freunde hatten aus sechs Rundballen Stroh (Durchmesser 170 cm, Gewicht je etwa 300 Kilo) mit ihren Frontladern zwei gut 5 Meter hohe Figuren gebaut. Braut und Bräutigam. "Gewaltig", sagten alle, die sie sahen. Auch so ein typisch ostfriesischer Ausruf. Wenn etwas toll war oder beeindruckend, dann war es GEWALTIG!

Berti wollte keine gewaltigen Dinge in seinem kleinen Vorgarten und auch das respektierten die Ostfriesinnen und Ostfriesen. Als Zugezogener hatte man es hier gut. Und sofern man sich benehmen konnte, freundlich grüßte, mal mit anpackte und vor allem nicht den wohlhabenden Rheinländer spielte. Die Einheimischen mochten, wenn man sie auch up platt verstand und ab und zu mal eine Redewendung wie "Munterholln" raushaute, was so viel bedeutete wie "Bleiben Sie zuversichtlich!".

Und nun hatten Sie gestern also sogar Bögen in der Kirche aufgestellt. Sieben Stück. Eine Sängerin brillierte und der freundliche Pastor gab sein Bestes. Vor der Kirche wartete eine

Kutsche. "Auf dem Saal" (so sagte man es hier) erwartete die knapp 200 Gäste ein fulminantes Buffet, Livemusik und edler, wirklich gelungener Tischschmuck. All das stand selbstverständlich im Saal, nicht auf dem Saal. Nele und Berti kannten fast niemanden, aber das war nicht schlimm. Die Gäste waren interessiert, man tauschte sich aus und dann wurde zu Bertis Schrecken getanzt. Nele liebte es. Er quälte sich ihr zuliebe durch sieben Schlager im Disco-Fox. Vor dem Tanz hatte man das Buffet abgeräumt. Nach verschiedenen Spielen, Reden und anderen Beiträgen durfte die sympathische und wirklich gute Band eine Pause machen. Berti staunte nicht schlecht und sagte: "Schau mal Nele, sie bringen die Reste vom Buffet. Das ist ja toll." Berti bekam nachts nämlich immer Hunger und auch wenn es sehr unvernünftig war, aß er manchmal abends vor dem Fernseher mehr, als vorher den ganzen Tag. Natürlich nur, wenn Hering gerade auf Nele lag. Sonst ging das nicht, weil sich Hering sehr für Berti und seine Ernährung interessierte. Berni, ein entfernter Nachbar, winkte ab. "Das sind keine Reste, das ist das Nachtbuffet." Bertis Mund blieb offen stehen. Nachtbuffet? Es war wirklich gewaltig!

Irgendwann machten sie sich auf den Weg, Sie bedankten und verabschiedeten sich. "Alles Gute für die Zukunft", sagte Nele und Berti musste fast lachen. So verabschiedete sich Nils bei fast jeder Gelegenheit. Er hatte oft den Schalk im Nacken und natürlich verstand auch nicht jeder seinen Humor. Seine Freundin Cora und er liebten ein Gesellschaftsspiel, bei dem man die Welt besiedeln musste. Manchmal durfte Berti mitspielen. Es kam vor, dass Cora und Nils sich während des Spiels prügelten oder sogar mehrmals die Beziehung beendeten. Am Ende waren sie aber Gott sei Dank immer wieder zusammengekommen. Berti mochte die Partnerinnen und Partner seiner Nachkommen. Sie waren so verschieden wie die vier es auch waren. Und nun sollte er sogar Opa werden. Was für ein Glück.

Berti wollte zum guten Ende der Hochzeit noch einen Witz machen. Der Bräutigam hatte sich vor ein paar Tagen einen Kombi gekauft und, wie in der Nachbarschaft üblich hatten sich Berti und er über das Fahrzeug ausgetauscht. Nun klopfte Berti Michael auf die Schulter und sagte: "Na? Und wozu braucht Ihr den Kombi nun? Hat er eigentlich integrierte Kindersitze?" Das Brautpaar lachte herzhaft und lud für Morgen zum Resteessen ein. Als sie vor die Tür traten, war die Nacht sternenklar. Nele schaute Berti freundlich an und sagte: "Zwei Dinge mein Freund: Erstens toppt nichts unsere Hochzeit mit mitgebrachten Salaten und geliehenen Klamotten. Zweitens sagt man so etwas nicht zu einem jungen Paar. Ja, vielleicht ist sie schwanger. Vielleicht (noch) nicht. Vielleicht wollen sie keine Kinder. Vielleicht klappt es nicht. Kurzum: Es geht nur die beiden etwas an."

Berti schaute zu Boden. Zunächst nicht schuldbewusst, sondern nachdenklich, denn natürlich war seine Bemerkung nicht böse gemeint gewesen. In diesem Moment fielen ihm aber mehrere Paare ein, die keine Kinder hatten. Nur von manchen wusste er den Grund dafür. Nun schämte er sich doch ein bisschen und sagte: "Erstens ja, aber entscheidend ist heute, was die beiden hier empfinden. Zweitens einfach nur ja."

Und dann gingen sie Hand in Hand nachhause. Als Glückspilze, die seinerzeit Eltern werden wollten und es auch geworden waren.

Am Tag danach schaute er noch immer in die Frühlingssonne und überlegte, ob er sich bei Michael entschuldigen sollte. Der Haken war, dass dieser dann in Erklärungsbedrängnis kam. Und das wollte Berti natürlich auf keinen Fall. Er würde weiter darüber nachdenken.

Der Winter war lang und mancher hatte ihn mit dem letzten Rest Leben bezahlt.

Um die Ecke bog der Leichenwagen des Bestatters, der früher Landwirt war. Ein sehr netter Bursche fand Berti. Er hatte sich mal auf dem Friedhof mit ihm unterhalten. Wen holte er wohl gerade ab? Er fuhr Richtung Nachbardorf und Berti wünschte sich in diesem Moment, dass ein steinalter Mensch mit Axt in der Hand einfach umgekippt war und seine Kinder ihm zum Abschied die Hand hielten. Natürlich wusste er, wie selten so etwas ist und wie oft die Abschiede eben nicht so selig wirken, wie man es gerne in der kleinen Dorfkirche besang: *Segne uns mit seligem Sterben und mach uns zu Himmelserben.*

Als Berti gerade reingehen wollte, sah er den müden aber glücklichen Michael mit seinem Kombi. Vollgepackt, diesmal wirklich mit Resten für das abendliche Krömmelfest. "Krömmelfest, was für eine zauberhafte Bezeichnung für Resteessen", dachte Berti.

Sein Smartphone summte. Nora hatte ein neues Bild geschickt. "Ganz schön großer Kopf", dachte Berti. "Von mir hat er den nicht." Er musste lächeln ging rein und blättere bei Kerzenschein im März in seinem Büchlein. Mit Schrecken las er vom Traum, in dem er die Soldaten des Königs Herodes gesehen hatte. Er stand ohnmächtig daneben, als sie in die Hütten der Familien eindrangen und die erstgeborenen Jungen töteten. Weil der König das befohlen hatte. Das konnte er, einfach so. Die Bibel war an vielen Stellen grausam. Genauso grausam wie die Welt. Vieles war seither besser geworden, sagten die Philosophen. Und an manchem hatte sich nichts geändert. Es gab das Böse in der Welt, ohne Rücksicht auf Verluste.

Berti blätterte auf die letzte Seite und schrieb.

Erkenntnis des Tages: Der Winter war lang.

Herbstlied

Die Sonne steht hoch, keine Wolke am Himmel,
der Sommer war wieder so groß
Und keine Gedanken an Abschied und Reue.
Wohin sind die Tage denn bloß?
Der Zauber der Stille,
der Reichtum des Windes,
die Fülle trotz aller Gefahr
Trotz Dürre und Kriegen und der Erkenntnis,
dass wieder kein Wunder geschah

Kein Wunder, das alle Verwundeten heilte
und Rettung in Seenot vollbrachte
Die Gefallenen wieder zum Leben erweckte
und Schwerter zu Pflugscharen machte
Und während das Dunkel an so vielen Orten,
die Menschen im Würgegriff hielt
Hab ich diesen Sommer verplaudert, vertrödelt

und halbgare Lieder gespielt

Und jetzt kommt der Herbst und die Blätter sie fallen,
auf blutige Erde und Staub
Die Armen werden ärmer und wortlose Tränen
haben ihnen die Stimme geraubt
Die Reichen werden reicher
und feiern das Leben,
bauen Mauern aus Wohlstand und Gier
Sie füllen die Konten und pressen das letzte
Seufzen aus Mensch, Baum und Tier

Am Ende des Tages kommt immer die Nacht,
woher kommt noch Hoffnung und Trost
Ist Gott nur ein Märchen
und zieht doch der Teufel
für Menschen zum Spaß nur ein Los
Ein Los, das entscheidet, ob Glück oder Chaos

unser Leben auf Erden bestimmt
Und was wir so lieben, das nimmt er uns weg,
so dass alle Liebe verglimmt

Der Winter war lang, kalt und mancher hat ihn
mit dem letzten Rest Leben bezahlt
Abschied genommen, zu Grabe getragen,
was gibt den Kindern jetzt Halt?

Die Nächte dann kürzer, das Licht kehrt zurück,
kaum zu glauben, aber doch wahr
Den Frühling kann sich kein Teufel ausdenken –
die Vögel sind auch wieder da

Sie singen ihr Lied in die Ängste der Menschen,
trotz Katzen und manch andrer Not
Sie jubeln und künden
fast trotzig von Hoffnung

und Aufbruch im Morgenrot
Ich werfe meine Sehnsucht
mit ihnen gen Himmel –
der Teufel kennt dafür nur Spott
Aber Quelle und Frühling, Liebe und Güte –
Das, sagte Jesus, ist GOTT

Maskenpflicht

Für den Einlass nach dem Essen gilt die Kleiderordnung: Abendkleid und Maske. Diese Passage stammte aus einem venezianischen Reiseführer, den er Nele einst geschenkt hatte, weil sie unbedingt mal nach Italien wollte. Es war Teil einer Beschreibung zu den Gepflogenheiten des venezianischen Karnevals. Der rheinische Karneval war in diesem Jahr ausgefallen. Das war er in Bertis Erinnerung schon mindestens zu zwei anderen Gelegenheiten. Einmal wegen eines Krieges am Persischen Golf. Die Welt hielt den Atem an, als amerikanische Truppen zunächst einen irakischen Diktator aus dem von ihm überfallenen Nachbarland drängten, ihn dann aber bis in seine Hauptstadt verfolgten . "Kein Blut für Öl" hatte die lustige Pfarrerin auf ein Laken geschrieben und es an die Fassade der Kirche gehängt. Berti wusste damals nicht, was er davon halten sollte. Durfte ein Diktator zur Strecke gebracht werden, indem man wiederum die Grenzen seines Landes missachtete, was er natürlich vorher auch getan hatte? Heiligte der Zweck die Mittel? Aber was war der Zweck? Sicherung der Ölimporte der westlichen Welt aus dem kleinen Kuwait? Die Meinungen gingen damals weit auseinander. Auch über die Absage des Karnevals in Köln. Die einen meinten, das würde auch nichts am Krieg ändern. Die anderen meinten, man könne nicht ausgelassen feiern, wenn die Weltlage so angespannt sein. Berti wusste nicht, was er davon halten sollte. Am Rosenmontag war immer irgendwo auf der Welt Krieg. Dieser hier betraf aber elementar westliche Interessen. All diese Zusammenhänge und das Geschrei derer, die es immer besser wussten als die anderen, verwirrten ihn. Manchmal hatte Berti auch heute keine Lust mehr, die Nachrichten anzusehen. Früher war das für ihn Pflicht. Allein schon, weil ein großer freundlicher Moderator einer langen Spätausgabe immer am Ende sagte: "Munterholln!" Oder sagte er "Bleiben Sie zuversichtlich"? Wie dem auch sei.

Der zweite Rosenmontagszug in Köln fiel nach Bertis Erinnerung einem Frühjahrssturm zum Opfer. Darüber gab es keine Diskussionen.

Und in diesem Jahr hatte nun ein Virus die Welt fest im Griff. Als Berti das Wort Maskenpflicht zum ersten Mal hörte, musste er sofort an den Reiseführer im Regal denken. Niemand hätte vermutlich für möglich gehalten, dass dieser Begriff mal Teil von weltweit beschlossenen Gesetzen, Verordnungen und Maßnahmen werden könnte. Außer vielleicht welche, die zu viele Kinofilme über Seuchenkatastrophen gesehen hatten. Die weltumspannende Pandemie dauerte lange und zwang viele Menschen in die Knie. Viele starben auch mit diesem Virus. Manchmal löste er schwere Erkrankungen aus und manchmal verschlimmerte er bestehende Krankheiten. Es war eine Zeit voller Unsicherheit und voller Krakeelen. Die Meinungen, auch der Wissenschaft, gingen mitunter auseinander, was Gefährlichkeit und notwendige Maßnahmen betraf. Menschen verloren ihre Arbeit, ihre Firma und ganz oft ihr gesamtes soziales Umfeld. Es gab Kontaktbeschränkungen, ein Herunterfahren des öffentlichen Lebens und eben diese Maskenpflicht. Zudem musste man sich auch ständig testen. "Die zwei Striche" wurden zum Synonym für ein positives

Testergebnis, welches einen im besten Fall in eine etwa zweiwöchige Quarantäne und im schlimmsten Fall auf die Intensivstation brachte.

Menschen entzweiten sich. Wütende Bürger griffen die Politik an und forderten Freiheit. Die Politik war verunsichert und tappte verständlicherweise oft im Dunklen, da niemand so richtig einschätzen konnte, wie gefährlich dieser ganze Mist für die Bevölkerung wirklich war. Viele hatten einfach einen Schnupfen. Manche hatten gar nichts. Und manche wurden richtig krank, zum Teil schwer.

Karneval abgesagt. Nele war sehr traurig, aber auch sie hatte keine Lust, sich die Seuche nochmal einzufangen. Gleich am Anfang hatte sie sich infiziert und lag platt auf dem Sofa. Drei Wochen lang. Berti reichte ihr mit einem historischen Brotschieber, den er in der kleinen Scheune des kleinen Hauses gefunden hatte, die Mahlzeiten. Sie stellten ihre Fernsehsessel in die entlegensten Ecken der Stube, so dass Hering nun nicht mehr mit einem Satz hin und her springen konnte, sondern auch noch drei

Sätze Anlauf nahm, bevor er auf Nele landete. Wie immer schmerzhaft, aber doch auch ein Segen, dass Tiere keinen Abstand halten mussten. Berti war stolz darauf gewesen, dass er sich nie irgendwo infizierte und meinte schließlich, er sei immun. Das erzählte er auch überall mit stolz geschwellter Brust herum. Als es ihn dann im letzten Herbst doch erwischte, war er ein bisschen enttäuscht: "Herr, ich dachte, ich sei immun?" sagte Berti zu Gott mit einer Spur Vorwurf in der Stimme. "Der Mensch denkt, Gott lenkt", sagte Gott zu ihm mithilfe der Phrasendreschmaschine, die Nils seinem Papa mal zu Weihnachten geschenkt hatte. Es war ein runder Pappteller, der aus zwei Ebenen bestand. Man konnte ihn drehen und dem Zufall überlassen, welche Phrase er dreschen sollte. Oder sich einfach eine passende Phrase aussuchen. Natürlich glaubte Berti nicht wirklich, dass Gott zu ihm durch die Phrasendreschmaschine sprach. Aber er traute Gott Humor zu. Einfach weil man Gott eben alles zutrauen konnte. Nicht nur einstürzende Stadtmauern in Jericho durch Posaunenklang, ein durch Teilung des Meeres gerettetes Volk, Wunderheilungen und weise Gedanken, sondern auch: Humor!

Berti hatte dann tagelang Fieber, einen fiesen Husten, er spürte jeden Knochen und war kurz davor, sich nicht mehr von Hering durch die Gegend ziehen zu lassen. Jeden Vormittag kämpfte er sich aber nach draußen und freute sich an der frischen Luft. Er spürte jeden Schritt und hatte den Eindruck, dass Hering ein kleines bisschen weniger zog als sonst. Opa Reinhard hätte ihn auf das schärfste verspottet, würde er noch leben. "Immun!" hätte er gejubelt. "Er ist immun, ein Wunder!" Berti wusste nicht, ob er das Fieber verdient hatte. Er legte sich tagsüber in seinen Sessel und döste. Manchmal mit und manchmal ohne Hering auf dem Schoß. Er streamte zum ersten Mal in seinem Leben eine Serie, die ihm seine Nachkommen empfohlen hatten. Es ging um einen todkranken Mann in seinem Alter, der ziemlich unkonventionelle Entscheidungen traf, um dem Leben noch etwas abzuringen. Bei der fünften Folge der ersten Staffel musste er weinen. Ihm wurde wieder einmal klar, was er für ein Glückspilz war. Wem war es schon möglich, einen solchen Virus in einem so gemütlichen Sessel auszukurieren? Er dachte an Bilder aus dem Fernsehen, auf denen Menschen zu sehen waren, die auf Karren von ihren Angehörigen vor überfüllte Krankenhäuser geschoben wurden, nur um dort zu hören, dass man ihnen nicht helfen konnte. Er dachte an frierende Kinder in Zelten. Sie hatten keine Schuhe und ein Politiker der Europäischen Union erklärte in einem Interview, dass die Sicherung der europäischen Außengrenzen oberste Priorität habe. Und das alles fühlte sich einfach nicht richtig an. Berti wusste natürlich, dass die Dinge so einfach waren, wie manche Schreihälse es der Welt vermitteln wollten. "Lasst alle zu uns kommen" war genauso schwachsinnig, wie "baut höhere Mauern". So etwas konnte eigentlich nur geschehen, wenn die Dinge aus dem Gleichgewicht kamen. Und so war es vermutlich mit dem Virus und den damit verbundenen Maßnahmen auch. Vor ein paar Monaten, als das mit den Masken noch ziemlich neu war, stand Berti mal vor dem Supermarkt. Ein Mann in seinem Alter wollte rein, weigerte sich aber eine Maske aufzusetzen. Mit Engelszungen redete der Filialleiter auf ihn ein. Keine Chance: "Ich lasse mich von Ihnen nicht wegen einer Erkältungskrankheit zwingen, beim Einkaufen keine Luft zu kriegen. Menschen sterben wegen diesen Masken. Sie verstoßen gegen das Grundgesetz!" "Ganz ruhig" entgegnete der Filialleiter: "Nein, das tue ich nicht. Ich setze eine demokratisch legitimierte und behördlich angeordnete Maßnahme zum Infektionsschutz um. Ich schütze also meine Kunden." Der Maskenverweigerer sagte, diese könnten sich doch selber schützen und so ein Ding tragen, wenn sie wollten. So ging es eine Weile hin und her. Dann schaltete sich eine ältere Dame ein. Sie war klein und trug ihre Maske schon vor dem Supermarkt. "Ich will Ihnen nicht zu nahe treten", sagte sie milde. "Dies sollte man ja ohnehin in diesen Zeiten grundsätzlich nicht tun. Aber was kostet es Sie eigentlich, diese Maske aufzusetzen? Ich kann Ihnen versichern, dass die Freiheit des Menschen bei der Freiheit des Mitmenschen enden kann. Dies gilt für Sie.

Dies gilt für mich. Sie werden nicht krank werden, weil ich eine Maske trage. Was aber, wenn ich krank werde, weil sie keine tragen? Doppelt hält nämlich besser und ich bin zu alt, um diesen Virus einzuladen. Mein Enkel wird nächste Woche 9. Da möchte ich dabei sein. Ach und noch etwas: Es ist noch niemand wegen des Tragens einer Maske gestorben. So ein dummes Zeug!" So sprach sie und ging weiter, ohne eine Antwort abzuwarten. Vielleicht wusste sie, dass es Menschen gibt, mit denen man nicht diskutieren kann. Vielleicht hatte sie es eilig. Der Mann in Bertis Alter drehte sich jedenfalls um und ging. Berti hatte sich das gesamte Gespräch angehört und währenddessen so getan, als ob er sich Geranien ansehen würde. Geranien! Berti! Nun wusste er aber genau, wie sie aussahen und würde Nele beim nächsten gemeinsamen Einkauf mit seinem neu erworbenen Wissen beeindrucken. Zudem hatte er durch diese Zufallsbegegnung dank der resoluten Dame eine Haltung zur Maskenpflicht gefunden.

Nun, kurz nach dem nicht statt gefundenen Karneval und vollständig vom Virus genesen, nahm er den Reiseführer aus dem Regal. "Venedig", murmelte er. "Warum nicht? Dort ist ja sowieso Maskenpflicht." Er suchte im Internet nach Hotels und schmiedete Pläne. Er würde Nele überraschen und auf dem Rückweg konnten sie sich Noras Bauch ansehen. Ein guter Plan. Venedig im Frühling. Man durfte nicht alles auf morgen verschieben.

Berti notierte noch schnell: Erkenntnis des Tages: Der Mensch denkt, Gott lenkt.

Dann strich er diese Zeilen wieder durch. Es gefiel ihm nicht, dass Gott immer lenkte. Natürlich war es möglich, aber das alles war doch kein Spiel.

Und so verbesserte er: Erkenntnis des Tages: Der Mensch lenkt, Gott denkt. So war es viel besser!

Entpflichtung

Ostern nahte und wieder klapperte es an Bertis Briefkasten. Auch diesmal kein Bußgeldbescheid, sondern hochoffizielle Post der Evangelischen Kirche im Rheinland. Es war die Einladung zur Verabschiedung der lustigen Pfarrerin. Offiziell hieß es in der schlicht gehaltenen Karte allerdings "Verabschiedung und Entpflichtung".

"Typisch Kirche", dachte Berti. Was für ein Titel für diese Angelegenheit. Über dem Einladungstext stand ein Psalmwort:

Lobe den Herrn meine Seele und vergiss nicht, was er dir Gutes getan hat. (Psalm 103)

"Gute Wahl", murmelte Berti und erinnerte sich an das SAVE THE DATE von kurz vor Weihnachten. Ostermontag würden Nele und er also in die alte Heimat reisen. Zum ersten Mal nach langer Zeit. Er würde Günter besuchen, Nele Sabine, sie würden zum Gottesdienst gehen, Schnittchen essen und schauen, wen sie noch kannten. Dann würden sie schnurstracks wieder nach Ostfriesland fahren. Dort, davon war Berti überzeugt, gehörten sie nämlich jetzt hin.

In die Einladung war eine Postkarte eingelegt. Eine Postkarte! So etwas hatte Berti schon lange nicht mehr gesehen und er überlegte, wie man sie frankieren musste. Mittels der beigelegten Postkarte sollten die Eingeladen kundtun, ob sie teilnehmen und/oder ein Grußwort sprechen wollten. Es gab auch ein Feld zum Ankreuzen bei Nichtteilnahme. Berti überlegte, ob es wirklich Menschen gab, die nicht teilnehmen wollten oder konnten und dies mit der beigelegten Postkarte mitteilten. Er schüttelte den Kopf und stellte sich vor, wie eine emsige Mitarbeiterin des Superintendenten (so eine Art Oberpfarrer) ihr Tagwerk damit verbrachte, Haufen von Postkarten zu sortieren und später abzuheften, weil so etwas vielleicht sogar archiviert werden musste. Berti seufzte und dann sah er die kleine Notiz auf der Postkarte "oder per E-Mail an ...". Na also. Es hieß aber auch, dass das Büro davon ausging, dass es für eine nennenswerte Zahl von Eingeladenen leichter war, eine Postkarte zu verschicken, als eine E-Mail zu schreiben. Berti seufzte nochmal und tippte, wie immer etwas unbeholfen, die Mail direkt in sein Smartphone. Zwei Personen. Kein Grußwort. Schnell wie der Wind war Ostermontag da:

Günter hatte Prummetaat gemacht. Mit diesem Wort hatten Nele und Berti einmal ihre ostfriesischen Nachbarn beeindruckt, als sie diese zum Tee eingeladen hatten. "Wir bringen Prummetaat mit!" hatte Nele angekündigt. "Das ist ja bloß Pflaumenkuchen", hatten die Nachbarn dann freudig ausgerufen und erzählt, dass sie "sonst was" erwartet hatten. Manchmal kam es Nele und Berti so vor, als wären Ostfriesinnen und Ostfriesen überrascht, dass es außerhalb ihrer Heimat auch noch anderes Platt gäbe. Der Prummetaat erinnerte sie nun daran. Eigentlich ein Sommerkuchen, aber Günter hatte von langer Hand geplant die Pflaumen einfach eingefroren.

Es war schön bei seinem alten Freund. Sie tauschten das Neuste aus, aber das war nicht viel. Und dann stand auch schon Nele wieder vor der Tür und berichtete von Sabine und deren neuem Job und den Kindern und allem, was es sonst noch zu berichten gab. Es wurde Zeit. Zur alten Kirche war es nicht weit. Sie parkten, gingen los und setzten kurz vor dem Eingang ihre Masken auf. In der Kirche fand Berti diese Maßnahme noch immer am befremdlichsten. Aber es war nun einmal so. Inge, die Küsterin der Gemeinde, umarmte Nele lange. Sie sah müde aus und auch sehr schmal. "Geht es Dir gut?" fragte Berti. "Nein", sagte Inge. "Aber es ist schön Euch zu sehen." Es war keine Zeit für längere Gespräche. Hinter ihnen kamen weitere Gäste. Es wurde für pandemische Verhältnisse voll, auch wenn jede zweite Kirchenbank frei blieb. Direkt neben Berti nahm ein recht kräftiger Mann Platz. Er schaute Berti freundlich an. Dies konnte man ja mit Maske nur an den Augen sehen. "Stoffels mein Name. Kollege, der sich weigert mit dem Klerus einzuziehen. Und woher kennen Sie Doris?"

"Ich war früher der Beleuchter im Krippenspiel", sagte Berti und dann setzte die Orgel ein, zu deren Klängen fast majestätisch der Klerus einzog. "Eigentlich haben wir bei den Protestanten ja keinen Klerus" flüsterte Stoffels. "Und auch keinen Papst." Berti war ein klein wenig beeindruckt, als so etwa 15 in schwarze Talare gekleidete Pfarrerinnen und Pfarrer zur Orgelmusik einzogen und sich dann auf reservierten Plätzen niederließen. „Es könnten doppelt so viele sein. Ostermontag und dann auch noch nachmittags", brummelte Stoffels. Der Superintendent ging mit der lustigen Pfarrerin ganz hinten. Eigentlich sollte sie vorne gehen, aber das hatte sie energisch verweigert, wie Stoffels mitzuteilen wusste. Die Orgel verstummte und das Spektakel nahm seinen Lauf. Verschiedene Menschen hielten Lesungen. Es gab ein paar ziemlich flotte Lieder, die zwei junge Leute mit einer Gitarre und einer Art Klopfkiste begleiteten. Berti erfuhr später, dass es sich hierbei um eine inzwischen sehr beliebte, sogenannte "Cachon" handelte. Sie wurde in Südamerika erfunden und auch das Schlagzeug der Armen genannt. Berti fand das Geklopfe wirklich hübsch. Nach dem zweiten Lied trat der Superintendent nach vorne. Er setzte die Maske ab und plauderte drauf los. Ein netter Bursche, fand Berti und er wäre vielleicht sogar bei dieser Meinung geblieben, hätte nicht Stoffels neben ihm gesessen. Es war nicht so, dass Stoffels die Rede des Oberpfarrers kommentierte, zumindest nicht mit Worten. Es war das Gebaren seines durchaus beeindruckenden Leibes und der aus Mund und Nase hervortretenden Geräusche, die es seinem nächsten Umfeld ermöglichten, ein etwas differenzierteres Bild der Rede zu bekommen. "Liebe Schwester", setzte der Superintendent an und Stoffels gab ein grunzendes Nasengeräusch von sich. "Ihre Kirche ist Ihnen zu großem Dank verpflichtet, weil sie es uns stets nicht einfach machten. Immer wieder legten sie den Finger in die Wunden der Zeit, wenn auch nicht jeder ihnen folgen wollte oder konnte." Stoffels stieß hinter seiner Maske Luft durch die Vorderzähne aus. "In unserer Kirche muss aber auch Raum für Menschen sein, die unkonventionelle Wege gehen, um Gottes Wort zu allem Volke zu bringen." Stoffels atmete schwer. "Wir sind und bleiben dieser gemeinsamen und geschwisterlichen Aufgabe verpflichtet, auch wenn Sie heute entpflichtet werden. Alles hat eben seine Zeit." "Stoffels schüttelte ganz langsam den Kopf und begann mit der rechten Hand sanft auf das Gesangbuch zu klopfen. "Seien Sie aber gewiss, dass weder Tod noch Leben, weder Höhen noch Tiefen uns scheiden können von ..." Stoffels entfuhr nun ein deutlich hörbares "Oh Gott" und Berti beeindruckte, dass ihn die Ansprache des Superintendenten offenbar dermaßen rührte, dass er völlig außerplanmäßig damit begonnen hatte, zu beten. Nach der Aufzählung von verschiedenen Ämtern und Diensten, welche die lustige Pfarrerin in ihrer aktiven Zeit versehen hatte, wurde es ernst. Der Oberpfarrer bat die zu Entpflichtende nach vorn und las ihr eine Urkunde vor. Dann segnete er sie, reichte ihr die Hand und sagte mit einem Hauch zu viel Pathos in der Stimme:

"Liebe Schwester, Du bist frei!"

Stoffels warf den Kopf nach hinten und starrte glucksend an die Decke, so als habe er geahnt, was als nächstes geschah. Die lustige Pfarrerin zog sich behände noch an der Hand des Superintendenten auf dessen Altarstufe empor. Dann klopfte sie ihm auf die Schulter und sagte: "Es ist wahr. Ich bin frei. Frei wie ein Vogel und das war ich gestern auch schon. Frei, weil ich ein überdurchschnittliches Gehalt bekomme und all die Jahre sehr eigenverantwortlich arbeiten durfte. Frei, dank Lohnfortzahlung im Krankheitsfall und einer Dienstwohnung, um die sich immer Fachleute gekümmert haben, wenn mal was kaputt ging. Frei, weil es so viele gab, die mit mir Widerstände ausgehalten haben und mich immer ermutigten widerborstig zu bleiben. Frei, weil ich nun eine Pension bekomme, die sogar die Kosten für ein Pflegeheim ermöglicht, wenn ich eines Tages dorthin müsste." Die lustige Pfarrerin holte Luft.

Stoffels applaudierte. Okay, er war zunächst der Einzige, aber Berti machte eilig mit und ein paar aus dem Kirchenvorstand schlossen sich an.

"Ich bin aber auch nicht freier als gestern. Denn Sie haben recht. Wenn man sich entschieden hat, Jesus nachzufolgen, dann ist das kein

Amtsverhältnis, das irgendwann endet. Von seinem Auftrag an mich und meinem Ja zur Nachfolge können Sie mich daher unmöglich freisprechen. Denn wir sind Protestant*innen. Entweder sind wir alle Christi Nachfolger auf Erden oder keine*r von uns! Ich weiß ja, dass Sie es gut gemeint haben, Herr Superintendent. Aber es ist falsch. Und ich will es nicht. Es gibt nun einfach neue Aufgaben für ihre Schwester. Basta!" Es war beeindruckend. Kamen Berti in den Nachrichten die Gendersternchen noch immer irgendwie fremd vor, nutzte die lustige Pfarrerin diese Formulierungen mit einer derartigen Selbstverständlichkeit, dass Berti sich vornahm, das vielleicht selbst auch mal auszuprobieren. Zum Beispiel beim Angrillen nächste Woche mit den Nachbarn. Er freute sich fast schon auf die erstaunten Gesichter und die dann zwangsläufig folgenden Diskussionen.

Nach dem "Basta" konnte Stoffels nicht mehr an sich halten. "Amen", sagte er gut hörbar, während der Superintendent gequält lächelnd zu seinem Platz ging. Er hatte wohl erkannt, dass jedes Wort seinerseits nun zu viel wäre. Es kam ja auch noch die Predigt der lustigen Pfarrerin, vor der ihm unter Umständen nun ein kleines bisschen graute.

Die versammelte Gemeinde sang das Lied "Unfriede herrscht auf der Erde" und dann betrat die lustige Pfarrerin die Kanzel. Man muss wissen, dass sie die Kanzel sonst eigentlich nie benutzte. Nur wenn es sehr voll war (und das war selten), damit die Menschen auf der Empore sie sehen konnten. Sonst lief sie beim Predigen schon einmal auf und ab und hin und her. Für manche war das sehr gewöhnungsbedürftig, aber sie konnte nach eigener Aussage weder stillsitzen, noch stillstehen.

"Gott segne unser Reden und Hören – unser Fühlen und Denken – und alles, was sonst noch so dran ist bei Euch in diesem Moment", begann sie und fummelte danach an diesem weißen Läppchen herum, welches man Beffchen nennt und das evangelische Pfarrer*innen meistens um den Hals tragen. Historisch gesehen war es Bartschoner, damit in früheren Zeiten der gepuderte Bart die Amtstracht der Gelehrten nicht verschmutzte. Die evangelische Kirche hatte irgendwann beschlossen, Talar und Beffchen zum Markenzeichen zu erklären, obwohl beides eigentlich gar kein Markenzeichen war, sondern eine im Jahr 1811 vom Preußenkönig den königlichen Beamten, Richtern UND Geistlichen verordnete Amtstracht. Die lustige Pfarrerin hatte Berti bei einem der zahlreichen gemeinsamen Krippenspiele mal einen langen Vortrag darüber gehalten. Frauen im Talar fand sie, gewissermaßen, doppelt irre. Im Talar manifestierten sich für sie die uralte Männerwelt der Kirche und die noch immer aktuelle Vermengung von Staat und Kirche. Beides lehnte sie entschieden ab, auch wenn es schien, dass sie die Strukturen wenigstens über die Jahre akzeptiert hatte, statt gegen sie, wie gegen Windmühlen, anzukämpfen.

Die lustige Pfarrerin fummelte sich nun also das Beffchen vom Hals. Dann knöpfte sie sich den Talar auf und hängte ihn mit einer anmutigen Geste über den Rand der Kanzel. "Ab heute werde ich nicht mehr im schwarzen Bademantel zu Euch sprechen. Es mag sein, dass ich nie wieder eine Predigt halte und ganz andere Aufgaben auf mich zukommen. Wir werden sehen. Die Amtstracht schenke ich Ihnen, Herr Superintendent. Ich respektiere jeden Wunsch, sie zu tragen und hörte, dass dies besonders jüngeren Kolleg*innen gerade wieder sehr wichtig ist. Mein Talar hier hat in den 80gern fast 1500 Mark gekostet. Und er ist noch gut im Lack. Schenken sie ihn also gerne weiter!"

Hatte Stoffels da eben hinter seiner Maske einen Pfiff hören lassen? Die lustige Pfarrerin erzählte ihrer Gemeinde im Anschluss jedenfalls noch einmal das Gleichnis des verlorenen Kindes. Natürlich wusste sie, dass es in der Bibel von einem Sohn und seinem Vater handelte. Sie fand aber stimmiger, wenn von Kind und Eltern die Rede war. So konnte sich jede*r in der Geschichte auch selbst entdecken, was natürlich mit ein bisschen Fantasie auch ohne ihren redaktionellen Eingriff möglich gewesen wäre. So war sie.

Berti kamen die Tränen, als die lustige Pfarrerin sagte, die geöffneten Arme der Eltern beim Wiedersehen seien Gottes geöffnete Arme für jeden von uns. Sie begegneten uns in Gestalt des Auferstandenen, sichtbar durch jedes noch so grausam wirkende Kruzifix. Der gefolterte Gott schließe uns in seine Arme.

Berti erinnerte sich an die Konfirmation von Nils. Er war damals sehr krank. Sie machten sich große Sorgen, ob er überleben würde. Auch damals hatte die lustige Pfarrerin den jungen Leuten dieses Bild der geöffneten Arme ans Herz gelegt. Nils konnte vor dem Gottesdienst kaum stehen, so schwach war er. Ganz unaufdringlich war sie zu ihm gegangen und hatte ihm ein kleines Holzkreuz zugesteckt, welches er in der Hand halten konnte. Gott und die lustige Pfarrerin hatten sie irgendwie durch diesen Tag gebracht und danach war wahrlich nicht alles gut geworden. Es dauerte viele Jahre, bis Nils wieder gesund war. Aber für diesen Moment hatte sie das einzig Richtige getan. Das würde er ihr niemals vergessen!

"Nun noch ein Schlusswort", resümierte sie in diesem Moment. Ein schüchternes Mädchen mit Zöpfen kam leise nach vorn und setzte sich an den großen weißen Flügel, den die lustige Pfarrerin aus Spenden zusammengebettelt hatte. Einfach weil sie so etwas schon immer gut fand. Basta!

Das Mädchen begann zu spielen und was sie spielte, war so zauberhaft, so leicht und zugleich tief ernsthaft, dass Nele und Berti sich an der Hand fassten. Was sie spielte, wussten sie nicht, aber es klang so vertraut. "Das ist Anna, ihre Enkelin", flüsterte Stoffels und man hörte, dass seine Stimme belegt war. "Sie kann keine Noten lesen und improvisiert."

"Wo gibt´s denn sowas?" flüsterte Berti zurück. "Bei Gott ist alles möglich", sagte Stoffels und das ganz ohne Schnaufen, Zischen, Seufzen oder Augenverdrehen. Es war eher wie der Grund aller Dinge, den der Kollege der lustigen Pfarrerin mal eben auf den Punkt brachte. Nach ein paar Minuten begann die lustige Pfarrerin leise zu sprechen. Sie sagte:

Die Kirche stirbt

Keine Sorge, nicht die Gemeinde Jesu

Wie ihr Herr ist die unsterblich

Das ist tröstlich

Nur die deutsche Kirche stirbt

Und das darf sie

Lasst sie gehen

Es war ein langes Leben

Mit dunklen Stunden

Sonnentagen

Schaltet die Geräte ab

Sie quält sich nur noch

Es piept und surrt dort auf den Fluren

der mangelnden Verwaltung

Das Erbe wird bereits verteilt

In klugen Fonds und Dotationen

Geistlos runzeln graue Herren ihre Stirn

Und rechnen aus was jeder Tag

Im Pflegebett noch bringen mag

Die Kirche stirbt

Auch wenn die Kinder hier und dort

Noch jemanden trösten, aus Versehen fast

Denn selbst der Trost ist eingesperrt

In eine Akte

Da fällt ein Sonnenstrahl ins Fenster

Graue Herren setzen Sonnenbrillen auf

Die Kirche hat heute wieder keinen Besuch

Nicht mehr zu schaffen

Keine Zeit

Der Sonnenstrahl vergeht

Aber der Pfleger der ihn sah

Läuft los und wirft die Maske weg

Er sucht die Quelle

Irgendwo

Muss dieser Sonnenstrahl

Ja hergekommen sein

Die Kirche stirbt

Und dann ist ihre Seele frei

Anna spielte noch ein paar Minuten. Dann war Stille. Kein Applaus. Niemand machte auch nur ein Geräusch. Und dann geschah etwas Ungeheuerliches:

Der Superintendent stand auf und ging nach vorn. Die lustige Pfarrerin war inzwischen von der Kanzel geklettert. Über dem Arm hielt sie den Talar. Das Beffchen hing keck am Kragen. Sanft nahm der Oberpfarrer ihr beides ab und legte es auf seinen Platz. Dann drehte er sich um, sah die lustige Pfarrerin an und sagte laut und gut hörbar, aber ohne jedes Mikrofon:

"Vergeben Sie mir, Schwester!"

Die lustige Pfarrerin trat einen Schritt auf ihn zu. Viel zu nah und ohne Maske. Dann sagte sie:

"Vergeben Sie mir, Bruder!" und umarmte ihn.

Jetzt gab es Applaus. Die Menschen standen und johlten. Nur Stoffels war sitzen geblieben und starrte ungläubig vor sich hin. Dann klatschte er, etwas bemüht, auch.

Beim anschließenden Empfang fragte Berti Inge, was man einander denn vergeben musste. Natürlich wusste er von mancher Fehde zwischen lustiger Pfarrerin und Oberpfarrer. Aber Vergebung? War das nicht ein bisschen übertrieben? "Das müssen doch die beiden entscheiden, oder?" fragte Inge zurück.

Küster*innen sind oft sehr schlaue Menschen. "Und was fehlt Dir, Inge?" fragte Berti dann.

"Ach Berti, sprechen wir ein andermal darüber", sagte sie und ging weiter durch den Saal, um Sektgläser zu verteilen.

Es gab noch ein paar sehr schöne Grußworte von vielen mit denen die lustige Pfarrerin in den all den Jahren zusammengearbeitet hatte. Sie bedankte sich freundlich, hielt aber keine weitere Rede. Ganz zum Schluss ging Stoffels nach vorn, setzte seine Maske ab und offenbarte dabei einen Stoppelbart. "So sieht er aus", dachte Berti und hörte ihn dann sagen:

"Danke für Deine Freundschaft."

Das war alles. Berti spürte, dass Freundschaften nichts Selbstverständliches waren und vielleicht schon gar nicht unter Pfarrer*innen. Er verabschiedete sich später noch von Stoffels und sagte: "Hat mich gefreut." "Mich freut´s noch!" antwortete das Schwergewicht, drehte sich um schritt, vielleicht eine Spur zu pastoral, aus dem Raum.

Tief in der Nacht kamen Nele und Berti zuhause an. Sie tranken noch einen Tee (weil das immer geht) und wunderten sich über das leere Haus. Hering war bei Nils untergekommen und hatte fast dessen Kater gefressen, aber eben nur fast.

Berti notierte:

Erkenntnis des Tages: Lobe den Herrn meine Seele und vergiss nicht, was er dir Gutes getan hat!

Vergebung

Berti stand mit etwa 40 anderen Leuten auf dem Friedhof des kleinen ostfriesischen Dorfes. Trotz des Wonnemonats Mai goss es in Strömen und er fand, dass Harm zu seiner Beerdigung besseres Wetter verdient hatte. Andererseits war es Harm vermutlich jetzt egal, es sei denn er sorgte sich um die Trauergemeinde, die unter ihren Regenschirmen versammelt war. Der Pastor war schon ganz nass, denn er hatte keinen Schirm. Er sagte, dass der allmächtige Gott unseren Bruder Harm Janssen aus diesem Leben gerufen habe und wir darum nun seinen Sarg in Gottes Acker betten müssten. "Du liebe Güte", dachte Berti. "Was für eine Sprache." Berti stellte sich vor, wie Gott ganz laut Harm rief und dann beaufsichtigte, wie sie diesen in seinen Acker betteten, damit im nächsten Frühjahr Osterglocken aus seinem Grab wachsen konnten. Sofort schämte er sich und bei längerem Nachdenken konnte er dem Ruf und auch dem Bild des Ackers doch etwas abgewinnen. In Gottes Acker – das klang nach Geborgenheit. Er kannte Harm nicht näher. Er wurde 94 Jahre alt und lebte allein und im Rollstuhl, seit seine Frau vor zwei Jahren gestorben war. Einmal hatte er sich mit Harm über den Krieg unterhalten. Harm betonte nämlich immer, dass er Kriegsteilnehmer war und nach über fünf Jahren in russischer Gefangenschaft nach Ostfriesland zurückgekehrt war. Der Pastor setzte zum Vaterunser an. "Vergib uns unsere Schuld, wie auch wir vergeben unseren Schuldigern", beteten sie über dem Grab des Kriegsteilnehmers Harm Janssen. Was er wohl alles zu vergeben hatte und was ihm wohl alles zu vergeben war? In der Traueransprache hatte der Pastor gesagt, dass alles Unvollendete in Gottes Reich aufgehoben sei. "Na Gott sei Dank, bei all den unvollendeten Dingen, die viele Menschen auf Erden hinterließen", hatte Berti gedacht.

Wenn Berti es richtig verstanden hatte, spielte Vergebung im christlichen Glauben eine große und ziemlich entscheidende Rolle. Vielleicht ärgerte es ihn deshalb so, wenn Menschen diesen Begriff leichtfertig verwendeten. Oder halbherzig. Er hatte mal ziemlichen Krach mit einem sehr frommen Nachbarn. Er war damals noch jung, die Kinder waren klein und sie bekamen manchmal wirklich nicht alles auf die Reihe. Und natürlich wusste er, dass er das Efeu zurückschneiden musste, wenn dieses auf die Terrasse des Nachbarn wuchs. Aber musste man deshalb so ausrasten? Eines schönen Samstags hatte der Nachbar Berti völlig unvermittelt angebrüllt. Eigentlich wollte er nur das Niklas-Baby etwas in die Sonne stellen und sich daneben setzen und die Zeitung lesen. "Ich hatte jetzt lange genug Geduld", schrie der Nachbar. "Ich habe eine Efeu-Allergie und wenn das Zeug nicht bald weg ist, werde ich Sie anzeigen!" Berti war wortlos aufgestanden, hatte die Heckenschere geholt und binnen 45 Minuten alles Efeu von der Mauer entfernt. Es war gar nicht so schlimm. Als der Nachbar selbstzufrieden auf der Terrasse stand und Berti ignorierte, sagte er zu ihm: "Allergie hin oder her. Muss man deswegen jemanden so anbrüllen? Das ist nicht schön."

Der fromme Nachbar drehte sich zu Berti um, streckte die Hand aus und sagte: "Ich bin bereit, zu vergeben." Berti musste lachen. Er konnte nichts dagegen tun. "Vergebung des unbescheidenen Efeuwuchses?" fragte er noch, aber der Nachbar hatte sich schon umgedreht und war ins Haus gegangen. Von da an grüßte man sich respektvoll und das war´s. Man konnte eben nicht mit jedem befreundet sein.

Vergebung war etwas sehr Wertvolles. Das hatte Berti gespürt, als sich der Superintendent und die lustige Pfarrerin bei deren Abschied umarmten. Einer musste anfangen. Dass es in diesem Fall derjenige war, der nach Stoffels Geschmack öfter daneben gelegen hatte, war zumindest beachtenswert. Natürlich musste es nicht immer um Mord und Totschlag gehen. "Vergeben ja, vergessen nein", sagten manche Holocaust-Überlebende und Berti verstand sehr gut, wie sie das meinten. Und er fand es eigentlich unmöglich. Wie konnte man eine solche Schuld vergeben?

Berti erinnerte sich an die Worte der Küsterin Inge. "Das müssen doch die beiden entscheiden," hatte sie gesagt, als Berti die Vergebungsgeste bei der Verabschiedung ein bisschen übertrieben fand. Sie hatte recht. Vergebung war etwas zwischen zwei Menschen und setzte so etwas wie Einsicht voraus. Oder?

Da Berti an der Efeuhecke nichts Vergebenswertes finden konnte, lachte er seinen Nachbarn aus. Auch nicht schön. Merkwürdig, an was man sich manchmal erinnerte, wenn die Gedanken auf die Reise gingen, so wie heute und hier, bei Regen im Mai. Die lustige Pfarrerin hatte ihm mal von einem ziemlich weichgespülten Kollegen erzählt, der ständig irgendetwas vergab, obwohl sein Gegenüber gar nichts falsch gemacht hatte. In einem Streitgespräch über den Klimawandel, hatte sie ihn einmal heftig attackiert, weil er der Meinung war, Gott würde auch das Klima in seiner schützenden Hand halten und wenn es kollabieren sollte, dann würde dies auch geschehen. Sie hatte ihm entgegen geschleudert, dass er wohl irgendwo im Studium falsch abgebogen war, denn ihrer Meinung nach seien sie Theolog*innen und nicht Astrolog*innen. Sofort vergab er ihr diese Bemerkung, woraufhin sie anmerkte, das sei wirklich nicht nötig. Sie schäumte noch bei der Krippenspielprobe. Umso bedeutender die Geste mit dem Oberpfarrer.

Es hatte aufgehört zu regnen. Berti schlenderte den kleinen Weg herunter, der an der Kirche vorbei in den Ortskern führte. Sein Blick fiel auf die Pizzeria im Dorf. Eigentlich war es gar keine Pizzeria, sondern ein Lieferservice für alles Mögliche. Man konnte ebenso Pizza bestellen wie Döner oder Jägerschnitzel. Je nach Geschmack. In den Räumlichkeiten war bis vor gut 20 Jahren die Gaststätte des Dorfes gewesen. Es kam selten vor, dass jemand bei Danyal einkehrte, obwohl er extra vier Tische dafür eingerichtet hatte. Die Alten bedauerten, dass es keine Kneipe mehr gab. Die Jüngeren schauten ohnehin eher Netflix. Berti wusste nicht, ob es gut oder schlecht war, dass es weniger Kneipen gab als früher. Um der Geselligkeit willen war es natürlich schade. Um der betrunken nachhause kommenden Männer nicht. Danyal kam aus dem Irak. Er war vor sehr langer Zeit von dort nach Italien geflohen, wo er das Pizzahandwerk erlernte. Das war in den 80er Jahren. Acht Jahre lange bekriegten sich die beiden Nachbarländer Irak und Iran. Es gab nach Schätzungen bis zu 900.000 Todesopfer. Der Krieg endete mit einem Waffenstillstand ohne Sieger, aber mit zwei Verlierern. Wer dachte noch an diesen Krieg? Danyal dachte noch an diesen Krieg. Er verlor in ihm zwei Brüder und den Vater!

Genau in dieser Zeit, als Berti noch ein junger Kerl war und keine Kinder hatte, arbeitete er eine Zeitlang im Nachtdienst eines Krankenhauses. Eigentlich war er Rettungssanitäter, aber die Extreme mancher Einsätze bekamen ihm nicht. Besonders oft wurde er als Hilfspfleger auf einer urologischen Station eingesetzt, da es dort besonders viele männliche Pfleger brauchte. Der Chefarzt der Urologie war Perser. Das betonte er mit einem gewissen Stolz. Er war ein kleiner Mann mit wachen Augen und nicht nur kompetent, sondern auch sehr beliebt. Viele Menschen unternahmen weite Reisen, um von ihm behandelt zu werden.

Manche kamen sogar aus dem Iran und er behandelte auch junge Männer, die aufgrund von Kriegsfolgen im Rollstuhl saßen und deshalb urologisch versorgt und behandelt werden mussten. Professor Nori behandelte jeden Patienten mit derselben Höflichkeit und unter Aufbietung all seiner ärztlichen Kunst. Von seinen Mitarbeitenden erwartete er viel, aber von sich selbst eben auch. Es spielte für ihn zudem keine Rolle, ob seine Patienten aus dem Iran oder dem Irak kamen. Nori sprach arabisch, kurdisch und natürlich farsi (persisch) seine Muttersprache. Wichtig war nur, dass man Iraker und Iraner nicht in einem Zimmer unterbrachte. Das hatte er allen Mitarbeitenden eingeschärft.

Als eines Tages am späten Abend noch eine Patientenaufnahme zu bewältigen war, übertrug man Berti die Aufgabe, den jungen Rollstuhlfahrer einem Zimmer zuzuweisen. Natürlich wusste Berti, dass es mitunter Kriegsopfer waren, die bei ihnen behandelt wurden. Aber mit den Details hatte er sich nicht beschäftigt, schließlich war er ja auch nur eine Aushilfe. So schob er den jungen Kerl einfach zu einem anderen jungen Kerl ins Zimmer und dachte sich nicht viel dabei. Bis nach etwa 15 Minuten lautes Gepolter und Geschrei aus dem Zimmer drang. Nachtpfleger Andreas und er stürmten ins Zimmer und sahen, wie die beiden ans Bett gefesselten Männer sich mit Gegenständen bewarfen und in ihrer jeweiligen Muttersprache wüst beschimpften. Andreas und Berti versuchten sie zu bremsen, aber es schien unmöglich. Plötzlich tauchte der Professor auf und stellte sich zwischen die Betten. Keiner wagte mehr, etwas zu schreien und kein Gegenstand flog mehr Richtung Nachbarbett. Er sagte einen sehr leisen und relativ langen Satz zum Einen. Dann hörte es sich noch einmal ähnlich an, aber der Andere horchte auf. Professor Nori trat ein Stück zurück und sagte zu Andreas: "Schieben sie die Betten zusammen und wir werden sehen."

Berti hielt den Atem an. Er wusste längst, dass er aus Versehen einen Iraker und einen Iraner in ein Zimmer gepackt hatte und schämte sich in Grund und Boden. Als Andreas die Betten zusammengeschoben hatte, zischte der Professor etwas. Der Iraker und der Iraner gaben sich kurz die Hand und starrten dann wortlos an die Wand. Andreas schob die Betten wieder auseinander und das medizinische Personal verließ den Raum.

Auf dem Flur knöpfte sich der Professor Andreas vor. "Wie konnte das passieren?" fragte er sanft. "Eine Unachtsamkeit", sagte Andreas. "Meine Unachtsamkeit", flüsterte Berti und blickte zu Boden.

"Nun", sagte der Professor. "Sie haben uns heute eine Lektion erteilt. Natürlich ohne es zu wollen. Aber vielleicht hält der Frieden ja bis morgen früh."

Der Professor wollte gehen, als Andreas ihn fragte: "Was haben Sie zu den beiden gesagt?"

"Ganz einfach: Dass ich keinen von ihnen behandle, wenn sie sich nicht die Hand geben."

Der Frieden der beiden jungen Männer hielt. Jahre später veröffentlichten Sie ein Buch über Vergebung. Im Vorwort stand, dass Vergebung nicht immer Einsicht voraussetze, sondern eine Haltung sei. Deswegen müsse man nicht jeden Unsinn vergeben. Vielmehr werde man selber heil, wenn man empfundenes Unrecht vergeben könne. Berti war das fast ein bisschen zu hoch, aber unterhaltsam fand er es doch, dass er die beiden kannte und durch seinen Fehler eine Art Liebesgeschichte auslöste. Auf das Buch wurde er übrigens nur aufmerksam, weil er Professor Nori tief in der Nacht mit den beiden ehemaligen Patienten in einer Talkshow sah, die Martin Schanz hieß. "Hätten mich ja auch mal einladen können", dachte Berti und staunte, wie die beiden den Beginn ihrer Freundschaft detailgetreu schilderten.

Vergebung war also eine Haltung? Das hatten ja immerhin zwei Muslime geschrieben. Und erlebt. "Vergebung ist der Schlüssel zum Frieden", hatte Opa Reinhard mal gesagt und war dafür von einem Stadtrat bei einer Podiumsdiskussion ausgelacht worden.

Berti nahm sich vor, Reinhards Satz heute Abend in sein Büchlein zu schreiben. Danyal hatte noch zu, aber sein jüngster Bruder putzte gerade den Eingangsbereich.

Als Berti ein anderes Mal zum Spätdienst im Krankenhaus gekommen war, kam ihm der Professor entgegen und grüßte wie immer, als würden sie sich seit Jahren kennen. Dann blieb er bei der Frau stehen, die gerade den Eingangsbereich putzte und entschuldigte sich. "Nun laufe ich Ihnen durch das frisch Geputzte", sagte er freundlich. Und dann: "Wie geht es ihrem Mann?" Sie sprachen kurz miteinander. Nachtpfleger Andreas kam, gab Berti einen Klapps und sagte: "Weißt Du, was der Professor mal zu mir gesagt hat? Er sagte: Wenn Sie wissen wollen, was eine Firma taugt, dann fragen Sie die Putzfrau!"

Berti winkte Danyals Bruder zu und rief quer über die Straße: "Moin, wie geht es Deiner Frau?" Die war nämlich schwanger. "All up stee", rief Danyals Bruder zurück. Das war nicht arabisch, sondern plattdeutsch und bedeutete so viel wie "alles bestens".

Nele kam in dieser Nacht spät nachhause und fand auf dem Küchentisch Bertis Büchlein, in dem stand:

Erkenntnis des Tages: Vergebung ist der Schlüssel zum Frieden.

"Oha", dachte Nele. "Was war das wohl für ein Tag?" Sie legte sich zu ihrem schnarchenden Ehemann und dachte nur eins: "Frieden, bitte Frieden!"

Versöhnung

Der Frühsommer bescherte Berti ausgezeichnete Laune. Fröhlich pfeifend befestigte er die beiden Leinen an Hering und machte sich auf den Weg. Ach, Ruhestand war wirklich ein Segen! Fast alles konnte er planen, so wie er es wollte. Vieles konnte, nichts musste. Mal abgesehen natürlich vom Gassi-Spektakel. So sehr Berti auch die Tiere liebte, manches ging ihm gehörig auf die Nerven. Spazierengehen, damit Freund Hund seine Geschäfte verrichtete zum Beispiel. Er mochte lieber Tiere, beziehungsweise Haltungsformen, in denen die Geschöpfe diese Dinge selbständig erledigten! Haltungsformen! Schon wieder so ein Wort, dass einen zum Nachdenken bringen konnte. Tiere wurden gehalten. Nur manche lebten einfach vor sich hin. Vögel, wenn sie nicht gerade im Käfig hausten, Füchse, Rehe, Schnecken, Insekten und neuerdings auch Wölfe. Das gefiel manchen. Und vielen anderen gefiel es nicht. Berti versuchte beide Seiten zu verstehen, aber so richtig gewöhnen konnte er sich nicht an den Gedanken, dass Wölfe in einer Gegend leben sollten, in der Schafe und Kälber auf eingezäunten Weiden lebten und tatsächlich gar nicht mal so selten dann ziemlich übel zugerichtet wurden. Er verstand die Ängste der Menschen und den Ärger der Hirten. Gleichzeitig hatten Wölfe natürlich auch das Recht auf Leben, nicht nur hinter Gittern und in Sibirien. Die Meinungen prallten hart und scheinbar unversöhnlich aufeinander. Man beschimpfte sich, vor allem in den sozialen Netzwerken, aber auch in der Öffentlichkeit. Berti fragte sich manchmal, warum eigentlich Wölfe in seiner Nähe leben sollten und bei freilaufenden Hunden oft ein ziemliches Spektakel seitens der Behörden gemacht wurde. Natürlich war das eine Frage der Anzahl, klar. Aber Rinder und Schafe durften ja auch nicht in Freiheit leben. Sie hatten das Etikett Nutztier und für den Verbraucher wies man unterschiedliche Haltungsformen aus. So war die Welt. Sie war unversöhnlich. Auch zwischen Mensch und Tier. Oft zwischen Meinungen und Haltungen. Der Ton war rau und selten sachlich. Maskenpflicht, Wölfe, Steuern, Klimakrise, Kriege …

immer ein Anlass, um aufeinander loszugehen, mindestens digital.

Hering zog mehr als sonst. Bertis Laune tat das heute nicht sehr gut. Er wollte sich gerade beruhigen, indem er sich einredete, dass Hering sich seine Haltungsform ja nicht ausgesucht hatte, als dieser ihn unsanft nach rechts in den Schlot riss. Ein Schlot ist eine Art Entwässerungsgraben und in Ostfriesland üblich und notwendig, damit man nicht ständig nasse Füße bekommt. Berti stürzte und Hering schlang irgendetwas Undefinierbares herunter. „Verdammt nochmal", brüllte Berti und versetzte Hering einen Tritt. Der schaute ihn traurig an und warf sich auf den Rücken. Berti schämte sich. Es überkam ihn in solchen Momenten eine fast verzweifelte Traurigkeit. In Momenten, in denen er über sich selbst die Kontrolle verlor und ein Geschöpf unfair behandelte. Berti wusste natürlich, dass er kein Heiliger war und seine Reaktion vielleicht sogar „normal". Aber was konnte der Hund dafür, dass er ein Hund war und seine Nase ihn dermaßen dominierte? Nichts. Und nun wurde er von Berti getreten. Berti, den er liebte und der ihn, Hering, auch liebte. Warum? Natürlich wusste Berti, dass sich Hering diese Frage nicht stellte. Und so versöhnten sie sich auch schnell.

Sie blieben Mensch und Tier. Berti hatte den Hund um Verzeihung gebeten.

Vergeben – Verzeihen - Versöhnen. Wäre die Welt doch so einfach! Könnten Kontrahenten doch miteinander auf Augenhöhe bleiben. Vergebung ist der Schlüssel zum Frieden. Aber sie muss eben auch gewollt sein! Die lustige Pfarrerin hatte ihm letzte Woche ein Foto aus dem Urlaub geschickt. Er hatte sie dann einfach mal gefragt, ob sie sich eigentlich mit dem Superintendenten versöhnt habe, nachdem sie sich vergeben hatten. Sie hatte geantwortet, dass sie das schlecht beurteilen könne, weil sie ihn seither gar nicht mehr gesehen habe. Versöhnung müsse aber auch gar nicht sein. Vergebung reiche!

Ganz schön kompliziert. Hering und Berti hatten sich versöhnt, weil sie sich in Sekundenschnelle vergeben konnten. Berti das Zerren, welches es ja auch nur gab, weil Hering in einer, wenn auch komfortablen, Gefangenschaft lebte. Hering den Tritt, weil er eine impulshafte und instinktgesteuerte Reaktion war, die Hering von sich selbst kannte und sie deshalb nicht übelnahm. Das war einfach.

Gegenüber kam ihm Kateryna entgegen. An der Hand hatte sie Nazar, ihren Sohn. Sie waren Flüchtlinge, so viel wusste Berti inzwischen, und wohnten in einer ehemaligen Bäckerei im Nachbardorf. Jeden Tag gingen sie stundenlang durch die Gegend, einfach so und weil sie sonst absolut nichts zu tun hatten. Nazar ging nun in den Kindergarten. So hatte Kateryna vormittags noch weniger zu tun. „Moin", rief Berti. „Moin", antwortete Kataryna und lächelte. War ihr zum Lächeln zumute?

Die fast 80jährige Gerta ging jeden Tag in die ehemalige Bäckerei. Sie hatte Heftchen, mit denen man Redewendungen lernen konnte und versuchte alles, um den Menschen ein Ankommen zu ermöglichen. Sie besorgte Kinderfahrräder und vermittelte sogar einen Kontakt zum

Boßelverein. Boßeln, der ostfriesische Volkssport, wurde von allen Generationen gespielt. Im Grunde warf man Kugeln die Straße herunter und man schaute, wer dabei weiterkam. Eine sehr gesellige Angelegenheit. Berti staunte, wie leicht es war, die Einheimischen zu motivieren, sich um die Geflüchteten zu kümmern. Immer einfach war das natürlich trotzdem nicht. Es gab unter Einheimischen Idioten und unter Flüchtlingen auch. Warum sollte es auch anders sein?

Gerta hatte jedenfalls Berti erzählt, dass sie sich wunderte, dass Kataryna trotz allem oft lächelte. Ihr Haus in der Heimat war zerstört. Ihr Mann an der Front und sie allein mit Nazar in Ostfriesland. Konnte sie den Männern, die ihr Haus zerbombt hatten, jemals vergeben? Hatte Gerta den Nazis vergeben, die ihren Vater nach Russland geschickt hatten, wo er seit 1943 als vermisst galt?

Berti kam am Friedhof vorbei. Die beiden Kränze und drei Gestecke auf Harm Janssens Grab waren verblüht. Sie lagen noch auf seinem Grabhügel, weil er keine Kinder hatte.

Keine Angehörigen, die das alles nun in Ordnung brachten. Irgendwann würde der Friedhofsgärtner alles abräumen und das Grab einebnen. Der schlichte Stein würde wieder aufgestellt werden. Und es würde Gras über das Grab wachsen, da es ein sogenanntes Rasengrab war. „Hanne und Harm Janssen" würde später auf dem Stein stehen und kaum jemand würde sich irgendwann an die beiden erinnern.

Der Kriegsteilnehmer Harm Janssen hatte Berti mal von seiner Gefangenschaft erzählt. Und dabei etwas ganz Erstaunliches gesagt, was so gar nicht in das Weltbild mancher Menschen passt: „Ohne die Russen hätte ich nicht überlebt", sagte er. „Sie waren hart und verbittert. Ihre Blicke waren kalt. Sie hungerten selbst und teilten dennoch ihr Brot mit uns. Und das ist alles, was ich dazu zu sagen habe."

Berti hatte verstanden, dass es manchmal keine Vergebung geben konnte und keine Versöhnung. Aber sehr oft eben doch. Manchmal brauchte es Reue, wie bei Bertis Tritt nach Hering.

Reue, wie beim Kniefall eines deutschen Bundeskanzlers in Warschau, obwohl er selbst gar nicht an diesen Gräueltaten beteiligt war.

Reue, wie beim Superintendenten für seine pastorale Arroganz oder bei der lustigen Pfarrerin für ihre Respektlosigkeit. Erst jetzt wurde Berti so richtig klar, dass sie einander um Vergebung baten und die Umarmung diese besiegelte. Niemand sprach sie aus in diesem Moment.

Berti schnappte sich sein Smartphone und stellte sich mit beiden Füßen kurz auf die Leine, damit Hering nicht abhaute. Hering setzte sich hin! Kaum zu glauben.

„Sie haben sich versöhnt", schrieb er der lustigen Pfarrerin. „Ich habe es mit eigenen Augen gesehen."

„Wenn Sie es sagen, wird es stimmen", antwortete die lustige Pfarrerin und Berti überlegte kurz, ob sie ihn ernst nahm. Dann zog Hering weiter und er hatte keine Zeit mehr zum Grübeln. Morgen würde er zu Harm Janssens Grab gehen und die verwelkten Blumen weg machen. Er würde ein paar frische bringen, damit man sich erinnerte. Daran, dass Harm ohne die Russen nicht überlebt hätte. Aber auch daran, dass Hanne und Harm keine Kinder hatten, die ihr Grab pflegen konnten und ihre Geschichte weitererzählten. Wahrscheinlich konnten sie keine bekommen. Oder vielleicht wollten sie auch keine, weil sie so viel Leid gesehen hatten, dass es für vier Leben reichte. Das aber, würde Nele sagen, ging nur die beiden etwas an.

Abends schaute er auf das Kalenderblatt. 17. Juni. Das klang irgendwie besonders. War das nicht früher ein Feiertag? Er grübelte und bemühte dann das Internet: 17. Juni 1953. Volksaufstand in der DDR. Für Freiheit trat man ein. Die Polizei und die russische Besatzungsarmee beendeten den Aufstand. Es gab 55 Tote. Von 1954 bis 1990 war der 17. Juni in der Bundesrepublik als „Tag der Deutschen Einheit" ein Feiertag. „Ach ja", hörte sich Berti selbst flüstern. Dann flüsterte er noch: „Versöhnung".

Er betete an diesem Abend lange. Für Frieden und Verständnis. Für die Nachbarn und die Kriegsteilnehmer der Vergangenheit, der Gegenwart und der Zukunft. Für ihre Opfer. Für Harm, Hanne, Kataryna, Nazar und seinen Papa, für Gerta und auch alle, die sich um Wölfe und Haltungsformen stritten. Für Oberpfarrer und Pastorinnen, für alle, die sich trauten, an Gott zu glauben und von ihm zu erzählen. Für Versöhnung zwischen Menschen und Tieren, Völkern und Kulturen, Religionen und Ideologien.

Und das war auch die Erkenntnis des Tages: Versöhnung!

„Ich dachte immer, jeder Mensch sei gegen den Krieg. Bis ich ´rausfand, dass es welche gibt, die dafür sind. Besonders die, die nicht hingehen müssen." (Erich Maria Remarque in „Im Westen nichts Neues")

Diverse Opas

Nele und Berti zählten die Tage. Direkt neben den Kalender hatten sie die Glückwunschkarte für Otto-Mathilde gehängt. In der Ottilde-Gruppe ihres Messenger-Dienstes wurde jede Nachricht aus dem Rheinland punktgenau registriert, kommentiert und natürlich vielfach geteilt. Natürlich wollten alle wissen, ob es nun ein Otto oder eine Mathilde wird, aber keine Chance: Nora hatte klipp und klar erklärt, dass ihr Freund Hamza und sie es nicht vorher wissen wollten. Genauer gesagt, wollte Hamza es sehr wohl wissen, aber Nora meinte, solange Otto-Mathilde in ihrem Bauch sei, wolle sie seine/ihre Privatsphäre selbst vor seinem/ihrem Vater schützen.

Berti konnte kaum noch schlafen vor Aufregung. Eine Nachbarin hatte in einem unbedachten Moment mal zu Nele gesagt, dass man über ungeborenes Leben nicht so viel reden solle, da dies Unglück bringe. Die Nachbarin tat Berti ein bisschen leid, denn sie konnte ja nicht wissen, was Nele vom Aberglauben hielt: „Ich glaub´ es geht los", hatte Nele gesagt, „Ich dachte, Ihr seid Christen? Da verbietet sich Aberglaube oder denkst Du ernsthaft, dass Gott in seiner Schaltzentrale sitzt und Behinderungen in Mutterleibern programmiert, weil die Eltern sich zu viel über das Baby unterhalten haben? Ich fasse es nicht!" Nele war richtig laut geworden und hatte sich später sogar entschuldigt. Die Nachbarin jedoch war noch nicht mal sauer, sondern meinte später, so habe sie das noch nie betrachtet und sie sei froh, dass Nele das mal auf den Punkt gebracht hatte.

Heute war der 30. Juni. Der errechnete Geburtstermin. Als Berti sein Smartphone vom Ladekabel nahm und die Nachrichten checkte, schaute er wie immer als erstes in die Ottilde-Gruppe. Hamza hatte ein Foto von sich mit Reisetasche gepostet. Dann Nora mit dickem Bauch auf dem Beifahrersitz. Schließlich beide vor dem Eingang des Krankenhauses. Gestern hatten sie angekündigt, heute zur Kontrolle zu müssen. Und nun Schweigen. Seit fast zwei Stunden waren beide offline. Und es passierte das, was passieren kann, wenn man anfängt zu spekulieren: Sorgen stellen sich ein. War alles in Ordnung? Ging es den dreien gut? Warum waren sie so lange offline? Nesrin, die Mutter von Hamza, hatte inzwischen Nele angeschrieben: „Wisst Ihr was?"

Leider nein. Am späten Vormittag eine Audio von Hamza: „Hallo Leute. Macht Euch keine Sorgen. Das Kleine liegt falschrum. Das wissen wir schon länger, aber wir dachten, es reicht, wenn wir uns den Kopf darüber zerbrechen. Die Hebammen haben einen riesen Zauber veranstaltet, um das Baby umzudrehen, aber es scheint so, als wolle es einfach nicht raus. Sie raten zum Kaiserschnitt, weil unser Sonnenschein ein ganz schöner Brummer ist. Nicht nur seine Rübe. Ich melde mich. Güle Güle!"

Eigentlich war es ja keine lustige Situation, aber Berti musste fast immer lachen, wenn Hamza Güle Güle sagte. Hamza konnte nämlich eigentlich gar kein türkisch, was seine Eltern manchmal etwas bedauerten, wohl wissend, dass sie es gewesen wären, die für Zweisprachigkeit hätten sorgen müssen. Da aber auch sie in Deutschland geboren waren, war es damit nichts geworden. "Güle Güle" bedeutete so viel wie Auf Wiedersehen. "Güle Güle Kullan" sagte man hingegen zum Beispiel, wenn sich jemand ein neues Auto gekauft hatte, sozusagen als Glückwunsch. Es hieß wörtlich: Verwende es lachend!

So nahm sich Berti vor, heiter zu bleiben und der modernen Geburtsmedizin zu vertrauen. Oder hatten sie doch zu viel über das Baby gesprochen? Berti schlug sich mit der flachen Hand vor die Stirn und verwarf den Gedanken sofort. Die Stunden vergingen. Es wurde Nachmittag. Nora und Hamza blieben offline. Und dann …

… kam einfach ein Foto!

Es zeigte ein wunderschönes Kind, völlig zerknautscht, aber rosig. Es hatte kleine geballte Fäustchen, zugekniffene Augen und schien zu lächeln (was, wie Berti wusste, in diesem Alter unmöglich war, aber warum sollte man die unfreiwillige Grimasse nicht trotzdem so deuten).

Nele und Berti jauchzten auf, dann fielen sie sich um den Hals. Nils stürmte ins Zimmer, Niklas rief auf Neles Handy an und gleichzeitig leuchtete Ninas Nummer auf dem Festnetztelefon auf. So waren sie in diesem Moment alle vereint, nicht physisch, aber einfach irgendwie. Sie hielten den Atem an, wegen dieses einen neuen Erdenkindes. Dieses einmaligen Wesens mit einer Geschichte und einer Zukunft, mit Menschen, die es jetzt schon liebten, obwohl sie nicht mal wussten, wie es hieß. Ja genau ... Wie hieß das Baby eigentlich? Nachdem die Glückwunsch-Emojis in der Gruppe langsam verebbten, begann sich die Großfamilie (Hamza hatte zwei Brüder und eine Schwester) langsam zu fragen, ob es eventuell noch etwas mehr Informationen zum Kind geben könnte und warum Hamza nur dieses Bild geschickt hatte?

In diesem Moment ploppte eine Nachricht auf: „Es ist gesund. Und es ist wunderschön. Und wir sind sehr glücklich. Es wiegt 3722 Gramm und kam um 17.39 Uhr per Kaiserschnitt zur Welt. Wir lieben Euch alle. Alles weitere später. Güle Güle."

„Wie Güle Güle?" rief Berti. „Das ist alles? Will der uns veräppeln? Was ist mit dem Namen? Otto oder Mathilde???" Berti lachte und glaubte, dass Hamza sie einfach nur ein bisschen auf die Folter spannen wollte. In der Gruppe ploppten nun trötende Kaninchen auf und hüpfende Goldfische, betende Hände und winkende Asiaten. Von Hamza aber nichts weiter. Viele Stunden später kam eine sehr lange Textnachricht von Nora:

„Freut Euch mit uns über Jona. So heißt unser Kind. Wir haben diesen Namen erst heute gewählt. Er bedeutet „Die Taube" und ist ein Name für Mädchen und Jungen. Und hier nun auch die Überraschung des Tages: Wir wissen nicht, ob Jona ein Mädchen oder ein Junge ist. Die Ärzte schätzen, dass pro Jahr mindestens 150 Kinder in Deutschland zur Welt kommen, bei denen das so ist. Es ist ungewöhnlich und auch kompliziert. Wir müssen viele Untersuchungen abwarten, um einschätzen zu können, was zu tun ist und ob überhaupt irgendetwas getan werden kann oder auch muss. Hamza und ich wollen aber tatsächlich im Moment nicht festlegen, ob Jona ein Junge oder ein Mädchen ist oder wird. Wir werden als Geschlecht divers eintragen lassen. Ob das immer so bleibt, kann niemand sagen und es soll Jonas Entscheidung werden. Gott weiß, was auf uns zukommt. Heute freuen wir uns, dass Jona gut trinkt und es unserem Kind an nichts zu fehlen scheint. Alles weitere müssen wir abwarten und das ist nicht einfach. Wir wissen aber, dass wir alle gemeinsam Jona auf dem Weg ins Leben helfen werden. In Liebe Nora, Hamza und Jona."

Rums. Das hatte gesessen. Berti dachte an die lahmen Scherze, die es überall gab, seit in Jobangeboten immer MWD stand: Männlich, weiblich, divers. Er dachte an die Misshandlungen und Verfolgungen, denen sich Menschen ausgesetzt sahen, die von der Norm abwichen, weil ihre Mitmenschen dumm waren. Er dachte an seinen Kollegen Roman, der einen Mann heiratete und fortan nicht mehr sicher war vor blöden Sprüchen seiner Kollegen und leider auch Kolleginnen. Er dachte an die beiden

Frauen am Dorfrand mit ihren vier Pflegekindern. Sie waren ein Paar, aber niemand sprach darüber. Es wurde sozusagen geduldet, jedoch „ein bisschen seltsam" fanden es viele. Er dachte an Frauke, Neles Schwester, die ihr Leben lang Frauen liebte und niemals eine richtige Partnerschaft hatte. Die darüber verbittere und mit der ganzen Welt im Kriegszustand lebte, weil sie so uneins mit sich selbst war und schließlich daran zerbrach.

Er sah sich mit Jona an der Hand in den Kindergarten gehen und Wildfremden erklären, dass sein Enkelkind divers sei. In diesem Moment sagte Nils: „Ich glaube Rollstuhl wäre einfacher." Sie schauten sich an und natürlich war das ein Scherz. Aber der Scherz hatte einen wahren Kern. Dieses Leben würde mehr Kraft und Mut brauchen, als das eines wonnigen Stammhalters oder einer süßen Prinzessin.

Bertis Smartphone summte. Ülan war dran. Noras Schwiegervater. Der andere Opa sozusagen.

„Berti. Wir werden das Kind lieben und es ihm immer sagen. Wir sind deine Opas, deine Ritter. Wir werden dem Kind immer sagen, dass es vollkommen egal ist, ob es eine Königin, ein König oder beides wird. Wir werden hinter den Sträuchern sein, wenn sie ihm auflauern und ihm beibringen, stolz auf sich und seine Familie zu sein. Wir werden jedem die Fresse polieren, der Jona auch nur einen schiefen Blick zuwirft. Wir werden ..."

„Ist ja gut, Ülan. Ich verstehe schon. Wir werden es lieben und wir sind genug Leute, damit Jona es nie vergisst."

„Aber wir können nicht sie oder er oder es sagen."

„Es ist Jona. Und wir sind seine diversen Opas!"

„Ja. Herzlichen Glückwunsch, Opa."

„Herzlichen Glückwunsch auch Dir, Opa. Und Güle Güle."

„Munterholln", sagte Ülan und dann saßen Nele, Nils und er einfach eine Weile rum und konnten absolut nichts tun.

So schickten sie Nora und Hamza noch diverse Glückwünsche und freundliche Botschaften. Sie hofften, dass sich die beiden keine Sorgen machten und darauf vertrauten, dass das Leben bunt sein durfte und Jona in einer Welt aufwuchs, in der Jona vielleicht nicht normal, aber glücklich war. Jona konnte sich ja auch eines Tages entscheiden, ein Mädchen oder ein Junge zu sein und wenn Berti es richtig verstanden hatte, konnten auch die Eltern das auf unbestimmte Zeit festlegen, wenn es dem Wohl des Kindes diente. So hatte es Nele gerade erklärt. Eine gute Regel.

Vielleicht konnte die Welt aber auch etwas an Jona lernen. Die Liebe zur Vielfalt und zum Zauber des Besonderen. Achtung und Güte vor dem Leben in aller Kreativität, mit der Gott es erschaffen hatte.

Tief in der Nacht schickte Hamza noch ein zauberhaftes Bild. Jona hatte jetzt ein Mützchen auf. Darunter stand: „Du bist Jona, die Taube. Du erzählst der Welt davon, dass sie den Frieden lieben soll. Sei gesegnet."

Berti nahm sein Büchlein mit ins Bett. Er hatte das erste Bild schon schnell ausgedruckt. Er freute sich, dass das heutzutage so einfach war. Kaum zu glauben. Durch die Luft steuerte man mit seinem Smartphone den Drucker an und hielt Sekunden später das Bild des Enkelkindes in der Hand. Und in einer solchen Welt sollte kein Platz für Diversität sein?

Berti klebte das Bild in sein Büchlein. Und schrieb darunter:

Erkenntnis des Tages: Erzähl der Welt davon, dass sie den Frieden lieben soll!

„Kommt, lasst die Welt erstrahlen, in Regenbogenfarben." (Kerstin Ott).

Vielfalt

Es war ein brüllend heißer Tag im August. Berti war mit dem Fahrrad zum Discounter gefahren, um Brötchen zu holen. Einen Bäcker gab es leider schon lange nicht mehr im Dorf. Er schloss das Fahrrad ab und bekam einen Kälteschock, als er den Laden betrat. Wie konnte es sein, dass es sich der Discounter bei diesen Energiepreisen leisten konnte, die Klimaanlage dermaßen aufzudrehen? Die Frau an der Kasse trug eine Strickjacke!

Berti war guter Dinge. Sie konnten ihre Rechnungen bezahlen und beim Krieg in Osteuropa schien ein Waffenstillstand möglich. Kataryna hatte er lange nicht mehr gesehen, Es hieß, sie sei mit ihrem Sohn in die Heimat zurückgekehrt, weil sie lieber in Ängsten und Armut leben, als so lange von ihrer Familie getrennt sein wollte.

Jona schlief viel, trank, machte in die Windeln und als sie die drei vor vier Wochen besucht hatten, glaubte Berti sofort, dass alles gut werden würde. Es war ihm egal, ab das ein naives Gefühl war oder er es sich einredete. Er hatte ja auch zu Nele gesagt, er GLAUBE, dass alles gut würde und nicht, er wisse es. Diesen feinen Unterschied erklärte er immer wieder gern. Glauben heißt wissen, es tagt! Das war nicht von ihm, sondern aus einem Lied eines rheinischen Pfarrers. Aber er fand es gut. Woher sollten sie wirklich wissen, dass die Sonne immer wieder aufgeht? Auch das musste man letztlich glauben!

Berti arbeitete sich zur Backwarenabteilung vor. Ein Mann fingerte jede Menge Brötchen aus dem Fach. „Und jetzt noch die Negerküsse", lachte er und zwinkerte seiner Begleiterin zu. „Nicht witzig", sagte sie, woraufhin er genervt die Augen verdrehte. „Ich mein das doch nicht so. Aber Brötchen mit diesen Dingern werden für mich immer Negerkussbrötchen bleiben. Ich meine das nicht rassistisch." Seine Begleiterin, meinte es würde trotzdem nerven und er solle es lassen.

Berti packte ein paar Brötchen ein und ging zur Kasse. Vor ihm standen zwei Jungs in Badelatschen und Jogginghosen. Der eine hatte einen Kopfhörer auf. Berti ertappte sich dabei, wie er dachte: „Na, die sind aber auch nicht von hier", obwohl er ja selbst nicht von hier war. Er war ja Rheinländer. Klar, die Haut der beiden war dunkel, sehr dunkel sogar. So dunkel wie seinerzeit die des Kollegen Asante Malonga, den man im entgegenkommenden Bus nicht sah und glaubte, es sei ein Geisterbus. Malonga wurde immer gefragt, wo er herkam und sagte dann immer „Pützchen". Das war ziemlich lustig. Pützchen war ein rechtsrheinischer Stadtteil Bonns. Geboren war Asante Malonga im Kongo und wie er nach Deutschland kam eine sehr lange Geschichte. Er hatte sie Berti mal in einer gemeinsamen Pause erzählt. Eine aufregende Geschichte voller Mut und Niederlagen. „Richtig schwer wurde es nochmal, als ich hierbleiben durfte. Sogar der deutsche Pass hat nichts daran geändert, dass ich immer der aus dem Kongo bleibe. Macht aber nix."

Warum sagte er das? Berti fand, es machte wohl etwas und wünschte sich, dass es eigentlich nicht auffiel oder wichtig war, wie jemand aussah. „Das ist aber Quatsch", sagte Asante. „Wenn Du nach Lupata ziehst, wirst Du auch immer der Weiße aus Deutschland bleiben. Das ist einfach so."

Ja, es war einfach so. Aber man musste trotzdem nicht alles hinnehmen. Die beiden Jungs an der Kasse kauften sich etwas Süßes und sprachen französisch. Entweder gingen sie also auf das Auricher Gymnasium und übten für ihre zweite oder dritte Fremdsprache, oder sie hatten das woanders gelernt. Hinter ihnen stand nun das Pärchen mit den Brötchen und den... Schokoküssen. Sie plauderten und freuten sich auf einen Kindergeburtstag. Berti drehte sich um und tat etwas, was er sonst selten tat. Er mischte sich ein.

„Ich habe früher auch immer Kindergeburtstage mit diesen Brötchen gemacht. Einfach super. Nun sind die Kinder groß und ich warte auf die Enkel. Hoffentlich darf ich dann mal wieder so eine Party veranstalten."

„So einen Opa hätten wir gerne", lachte die Frau und der Mann lachte mit.

„Wussten Sie, dass man in England uns Deutsche manchmal Krauts nennt?" fragte Berti. „Oh nein", entfuhr es dem Mann. „Sie haben das mit den Negerküssen gehört."

„Sei doch leise", zischte seine Frau und zeigte dezent auf die beiden Jungs, die aber nun bezahlt hatten und den Laden verließen.

„Ja, habe ich gehört", sagte Berti. „Ich finde es gut, dass Sie es nicht so meinten. Mir hat mal ein Kollege erklärt, wo Rassismus anfängt. Und ich glaube, er hat gesagt, bei so etwas fängt er an. Es ist nämlich nicht wichtig, ob Sie das böse gemeint haben, sondern ob es die beiden Jungs da vorne stören würde oder irgendjemand anderen, der den Begriff Neger als das versteht, was er ist: Ein ausgrenzendes und abwertendes Schimpfwort, das sich Weiße ausgedacht haben."

„Hast ja recht", sagte der Mann. „Aber muss man das alles so eng sehen?"

„Ich glaube schon. Um unserer Kinder willen."

„Okay, sagte der Mann. Schokokussbrötchen!"

Berti bezahlte und freute sich, dass es nicht zu einem blöden Schlagabtausch gekommen war. Solche dummen Wortgeplänkel, hatte er nämlich schon zu oft erlebt, wenn es um Diskriminierung, Ausgrenzung oder Rassismus ging. Übertriebene Wortklauberei konnte er dabei genauso wenig ertragen wie arrogante Ignoranz.

Bei einer Weiterbildung für Berufskraftfahrer, hatte er mal einen Dozenten erlebt, der ständig irgendwelche sexistisch beleidigenden Kraftausdrücke benutzte und dies damit relativierte, dass ja keine Frauen anwesend seien. Irgendwann hatte sich ein sehr junger und schmaler Kollege gemeldet und angemerkt, dass ihn so etwas stören würde obwohl er ein Mann sei. Erst dann meldeten sich auch noch drei andere, Berti inklusive, und meinten, dass es ihnen auch lieber sei, er würde andere Beispiele verwenden. Fortan benutzte der Dozent Bilder aus dem Tierreich, um seinen Ausführungen Gewicht zu verleihen. Beispiel: „Warum leckt sich der Hund die Eier? Weil er es kann."

Ein fünfter Kollege, sehr erfahren und schon etwas älter, fragte schließlich den Dozenten, ob er der Meinung sei, dass der zu vermittelnde Stoff nicht anschaulich genug sei oder ob es zu wenig Inhalte gäbe, die man in den fünf kompletten Tagen erarbeiten müsse? Man musste hierzu wissen, dass die von der Europäischen Union vorgeschriebene, mindestens alle fünf Jahre zu erbringende und fünf Module umfassende Weiterbildung sich immer wiederholte und über Jahrzehnte eigentlich nie etwas Neues für die Berufskraft-fahrer*innen hervorbrachte. Die Stimmung bei solchen Veranstaltungen war dementsprechend. Aber das war ein anderes Thema.

Rassismus, Diskriminierung und Ausgrenzung gab es überall. Und natürlich gab es auch Menschen, die solches vielleicht zu lautstark anprangerten. Zum Beispiel hatte Berti nie verstanden, warum es abwertend war, sich als amerikanischer Ureinwohner zu verkleiden, weil man vielleicht die Figur des Winnetou aus Karl May mochte. Aus Bertis Sicht hatte Karl May, der bekanntlich all seine Geschichten erfunden hatte, eine sehr beeindruckende, vorbildliche Figur geschaffen. Nele hatte versucht, ihm zu erklären, dass es nicht darum gehe, ob ER Winnetou toll fand, sondern wie die indigenen Ureinwohner das sahen. Und natürlich kämen selbst die zu unterschiedlichen Einschätzungen der Lage. Oft müsse man differenzieren. Wenn in Afrika Leute Lederhosen trugen, war das im Prinzip genauso eine kulturelle Aneignung, wie das Verkleiden mit Baströckchen in Oberbayern. Der Unterschied war aber unter anderem, dass Deutsche nicht von Afrikanern unterdrückt, ausgebeutet und versklavt wurden, was umgekehrt sehr wohl der Fall war.

Es war kompliziert. Und man musste darüber sprechen, damit die Welt weiter kam. Menschen sollten nicht unter anderen Menschen leiden.

Berti erinnerte sich an einen Filmabend vor vielen Jahren in der Kirchengemeinde. An sich eine sehr schöne Aktion. Jemand durfte seinen Lieblingsfilm vorschlagen, musste erklären, warum er oder sie den Film so sehr liebte und dann schauten sich zwischen 30 und 40 Erwachsene einmal im Monat einen der Filme zusammen an. Berti hatte viele Lieblingsfilme. Für „seinen" Abend hatte er „Robin Hood, König der Diebe" aus dem Jahr 1991 ausgesucht. Er ahnte nicht, welche Diskussionen sich an diesem Film entfachen würden. Dabei enthielt er so wunderbare Sätze und Szenen. Zum Beispiel die, in welcher ein relativ kleines Mädchen, das noch nie zuvor in seinem Leben einen Menschen anderer Hautfarbe gesehen hatte, zu Azeem Edin Bashir Al Bakir, dem Freund von Robin sagt: „Hat Gott Dich so angemalt?"

Azeem antwortete: „Gewiss, es war Allah."

„Und warum?"

„Weil er die wunderbare Vielfalt liebt!"

Berti fand diese Szene so unvorstellbar schön, dass er sie immer und immer wieder sehen konnte. Bis Sozialpädagogin Vera Riekmann ihm nach dem Film zu erklären versuchte, dass „Blackfacing" übelster Rassismus sei. Blackfacing war die überholte Gewohnheit weißer Menschen, in Theaterstücken oder Filmen weißte Schauspieler schwarz anzumalen. Die so dargestellten Figuren waren vor allem in früheren Jahrzehnten meist dümmliche Diener oder stumme Eunuchen. Aber auch das Bemalen des Königs Melchior beim Krippenspiel war letztlich Blackfacing und als solches rassistisch.

„Aber Morgan Freemann (der Schauspieler) ist doch gar kein Weißer", wehrte sich Berti. „Die Szene intendiert aber, dass Gott ihn nur angemalt hat und er daher ein angemalter Weißer ist", bemerkte die Sozialpädagogin kühl.

„Das Kind im Sherwood Forrest weiß doch von so etwas gar nichts. Es sucht doch nur nach Erklärungen für das Besondere an Azeem", hakte Berti nach, aber Vera Riekmann blieb eisern: „Der Film reproduziert rassistische Klischees. Basta. Und jetzt gehe ich, denn damit möchte ich nichts zu tun haben." Sie entschwand mit wehendem Lodenmantel in den Sonnenuntergang.

Berti blieb zurück mit seiner Verwirrung und fragte ein paar Tage später seinen Kollegen Asante Malonga, ob er den Film Robin Hood kenne. „Na logo", sagte Asante.

„Findest Du den Film rassistisch, Asante?"

„Die Freundschaft von den beiden ist doch genau das Gegenteil von Rassismus. Sie sind voll auf Augenhöhe und das in einer Zeit der Sklaverei und so. Mega Film!" schloss der Kollege und ging davon, um seinen Geisterbus zu besteigen.

Der Film lief in einer Zeit in den deutschen Kinos, als brave Bürger Brandsätze auf Häuser warfen, in denen sie Menschen vermuten, die nicht hier geboren waren. Berti richtete sich diesmal nach Asante Malonga und folgte nicht Sozialpädagogin Vera Rieckmann.

Berti notierte am Abend: Erkenntnis des Tages: Gott liebt die wunderbare Vielfalt!

„Ich sah Ritter, in voller Rüstung, in offene Panik ausbrechen. Und ich habe gesehen, wie der niedrigste Knappe sich einen Speer aus dem eigenen Körper zog, um ein sterbendes Pferd zu verteidigen. Adel ist kein Geburtsrecht. Er wird allein erworben durch Taten." (Robin von Locksley)

Einfach so

„Das gibt´s doch nicht", jubelte Berti und hielt Nele das Käseblatt unter die Nase. „Norbert Kowalski kommt am 21. September in Kaminskis Kuhstall nach Großefehn!" In Kaminskis Kuhstall, in dem es gelegentlich Livemusik gab, traten regelmäßig nicht ganz so populäre Liedermacher auf. Es war natürlich kein richtiger Stall mehr, sondern ein ehemaliges Restaurant, das zum privaten Gulfhof der polnischen Familie gehörte. Der Raum hieß so, weil er vor vielen Jahren mal ein Kuhstall war. Die Kaminskis lebten dort ganz schön, mit Ponys, ein paar Schafen, kleinen Schweinen und sogar zwei Eseln. Die mochte Berti besonders, aber einer hatte ihn vorgestern in den Finger gezwickt. Kaminski hatte es gesehen und mit kaum hörbarem Akzent gesagt: „Musstu wissen Kolläge. Ist Dein Finga!" Dann hatte er auf das Schild am Zaun gezeigt, auf dem gut lesbar stand, dass man den Eseln nicht die Hand hinstrecken sollte. So war Berti. Vieles machte er „einfach so".

Einfach so sprach er Fremde im Supermarkt an oder fragte Nachbarn, warum sie einen Kombi kauften. Einfach so suchte er sich Filme aus dachte wenig darüber nach, warum sie ihm gefielen. Einfach so betete er manchmal und manchmal betete er einfach so nicht. Einfach so hatte er mal Psalmen übertragen und von Jesus geträumt. Einfach so war er Busfahrer, Schulbegleiter und nun Rentner geworden. Einfach so Vater und nun Opa. Einfach so war er mit Nele nach Ostfriesland gezogen und einfach so kritzelte er manchmal Erkenntnisse in sein Büchlein. Einfach so streckte er einem Esel seine Hand hin.

„Sag mal Berti, wie kommst Du eigentlich immer zu diesen Erkenntnissen", hatte Nele ihn einmal gefragt. „Keine Ahnung", hatte er geantwortet: „Einfach so." Bertis Leben folgte keinem großen Plan und er war kein Mensch, der Strategien hatte, um zu Erkenntnissen zu gelangen. Er hörte zu, schaute zu, „machte" sich Gedanken, ließ sie kommen und gehen und freute sich, wenn ihm etwas „einfiel". So einfach war das. Einfach so.

Und Berti fühlte viel. Er fühlte, wie ihm das Teetrinken ebenso bekam, wie das Moin von Fremden. Er fühlte sich Menschen nah, die nicht so richtig ins System passten, ob sie nun lustige Pfarrerinnen waren oder Zappeljonasse, von hier oder von dort kamen, Männer, Frauen oder Diverse liebten oder einsam waren.

Berti war mit dem vom Esel blau gezwickten Finger davon geschlichen. Es war ihm peinlich gewesen, dass er nicht auf das Schild geachtet hatte. So etwas machte man einfach nicht. In solchen Momenten fühlte sich Berti wie ein kleiner Junge. Ertappt bei einer Dummheit.

Nele hatte den Finger zuhause gekühlt und ihn ermahnt, er solle doch ab und zu etwas mehr nachdenken. Dabei dachte Berti manchmal den ganzen Tag nach, nur eben ohne Plan und oft ohne Ziel.

An diesem Nachmittag, zwei Tage nach dem schmerzhaften Eselkontakt, zog Hering Berti zur Abwechslung am linken Arm durch die Gegend. Sie stolperten den Feldweg hinunter bis zur Gabelung, an der es rechts zu einem kleinen Landarbeiterhaus ging. Das Haus lag abseits und ganz allein.

Den alten Mann, der dort wohnte, kannte Berti kaum. Er hieß Johann. Wenn man in Ostfriesland in einem durchschnittlich besuchten Supermarkt „Johann" rief, konnte man sicher sein, dass sich immer jemand umdrehte. Jedes Dorf hatte mehrere Johanns und es war für die Ostfriesen überhaupt kein Problem, sie auseinander zu halten. Diesen Johann sah man selten. Früher, als es die Kneipe noch gab und Johann noch zur Arbeit fuhr, war es anders. Da saß er manchmal auf ein Wort und ein Bier an der Theke. Wo sollte Johann heute noch hingehen? Es gab keinen Ort, an dem man sich ohne Plan traf. Einfach so. Zudem war Johann alt geworden. Es hieß, er habe eine Tochter gehabt. Die hatte Berti aber noch nie gesehen, wie er überhaupt noch nie jemanden bei Johann gesehen hatte.

Hering zog Berti an der Hecke entlang. Es hatte ein paar Tage geregnet und der Boden war weich. Als sie an der Einfahrt vorbeikamen, zog Hering nach rechts, so als wollte er Johann besuchen. „Lass das doch mal", schimpfte Berti und versuchte ihn auf den Weg zurückzuziehen. Hering wollte aber mit aller Gewalt zum Haus. Berti sah, dass die Tür offen stand. Das war an sich nichts Ungewöhnliches. Ungewöhnlich war, dass es die Vordertür war. In Ostfriesland ging man nämlich hintenrum. Und hinten war eigentlich immer offen. Berti stutzte und ließ Hering gewähren. Als er näher kam, sah er den grauen Stoff von Johanns Arbeitskittel im unteren Drittel des Türspalts und wusste sofort: Da stimmt was nicht. „Guter Junge", sagte er zu Hering und band ihn, natürlich gegen seinen Willen, an einer kleinen Birke fest. Berti ging zur Tür und rief: „Johann? Alles in Ordnung?"

Es war nicht alles in Ordnung. Johann saß mit dem Rücken an der Wand hinter seiner Vordertür und rührte sich nicht. Vielleicht hatte er versucht, nach draußen zu kommen oder Hilfe zu rufen. Johann atmete schwer und als Berti ihn ansprach, kam immerhin ein leises

Stöhnen. In der Küche fand Berti das Telefon und wählte den Notruf. Genau 14 Minuten später stand ein Rettungswagen in der Einfahrt und statt wie wild herumzukläffen, hatte sich Hering ganz entspannt neben die Birke gelegt. Wirklich ein guter Junge! Die Notfallsanitäterin und ihr junger Kollege versorgten Johann und brachten ihn ins Krankenhaus. „Informieren Sie die Angehörigen?" fragte die Sanitäterin. „Ich weiß gar nicht, ob er Angehörige hat", antwortete Berti. „Vielleicht finden Sie es heraus. Fragen Sie doch mal die Nachbarn. Wir bringen ihn nach Aurich." Berti hatte natürlich verstanden, dass es nun seine Aufgabe war, sich darum zu kümmern. Also schloss er die Tür, band Hering los und lief zum einzigen Nachbarn, den es gab. Das war der Milchbetrieb von Tamme Gerhards. Tamme war ein großer Bursche mit riesigen Händen und einem lauten Lachen. Er war bekannt dafür, dass er den Kühen etwas vorsang und behauptete, deswegen würden sie mehr Milch geben. Auch Tamme kannte Berti nur flüchtig. Vielleicht lag es daran, dass Berti weder bei den Schützen, noch in der Feuerwehr und auch nicht im Boßelverein war.

Tamme war gerade im Melkstand und sang. „Moin Tamme", sagte er darum laut. Tamme verstummte und ließ sich dann von Johann erzählen, was es zu erzählen gab.

„So ein Pech. Der alte Johann. Er hatte mal ein Kind, eine Tochter. Die ist mit fünf in den Kanal gefallen. Das war damals ganz schlimm. Sie war ein bisschen jünger als ich und Gesches und Johanns einziges Kind. Meine Brüder haben die Kleine aus dem Kanal gezogen. Niemand weiß, wie das passieren konnte. Gesche ist nie darüber hinweggekommen. Sie haben sich richtig eingeigelt dahinten. Johann fuhr zur Arbeit und zurück. Das war´s. Viele haben versucht, die beiden aufzumuntern, aber keine Chance. Seit Gesche vor ein paar Jahren gestorben ist, saß Johann alleine da hinten. Einmal die Woche bin ich hingegangen, aber Johann sagte immer „All up stee", alles gut. Dabei stimmte das, glaube ich, nicht." Tamme erzählte noch etwas von einer jüngeren Schwester in Bayern. Irgendwo hatte er ihre Telefonnummer und wollte sie anrufen. Er versprach auch, Johann ein paar Sachen ins Krankenhaus zu bringen.

„All Schiet", sagte Tamme , als Berti sich wieder auf den Weg machte und das traf die Sache ziemlich genau. Es gab so viele Einsame, natürlich nicht nur Alte. Berti stelle sich vor, wie es sein mochte, sein einziges Kind zu verlieren. Wie groß die Leere sein musste und wie viele Vorwürfe man sich vielleicht bei so einem Unglück machte oder sogar anhören musste. Das Leben konnte einsam machen. Kein Wunder, dass die beiden nicht mehr vor die Tür gingen und alle Blicke auf sich zu vermeiden versuchten.

Johann starb am 21. September an den Folgen seines Schlaganfalls. Er war nie wieder aufgewacht. Tamme hat ihn zweimal besucht und das erzählt, als er vorbeikam, um Johanns Tod anzusagen. In manchen Dörfern und Nachbarschaften war das noch so. Nachbarn liefen von Haus zu Haus, informierten über einen Sterbefall und sammelten gleichzeitig Geld für einen Kranz. Früher wurde so auch vereinbart, welche Nachbarn den Sarg trugen und wer sich um die Teetafel nach der Beerdigung kümmerte. Heute wurde so etwas meistens vom Bestatter organisiert. Das bedauerten manche, aber es war nun einmal der Lauf der Zeit. Es kamen nicht viele zu Johanns Beerdigung, Der Pastor erzählte das ziemlich einsame Leben nach und natürlich auch davon, welchen Schmerz es in ihm gab. Er erzählte aber auch davon, dass Johann jeden Nachmittag seinen grauen Arbeitskittel anzog, um etwas im Garten zu machen, dass er Fußball mochte und sogar als junger Mann selbst ziemlich gut spielte. Der Pastor erzählte, dass Johann ein guter Maurer war und ein liebevoller Ehemann, der seine Gesche nie im Stich ließ, obwohl sie fast nie lachte. Und der Pastor sagte, dass er fest daran glaube, dass Gesche und Johann nun in Gottes Haus mit ihrer Tochter vereint waren und endlich wieder lachen konnten!

Berti gefiel diese Aussicht. Er war sehr froh über diesen Zuspruch und das sagte er dem Pastor auch. Der freute sich und fragte Berti, ob er abends schon etwas vor hätte. Norbert Kowalski würde nämlich in Kaminskis Kuhstall spielen, Und den würde er kennen, weil sie zusammen zur Schule gegangen seien. „Dann sehen wir uns", sagte Berti, der längst zwei Karten besorgt hatte. Acht Euro Eintritt fand er vertretbar.

„Was machen wir, wenn einer von uns allein bleibt?" fragte er Nele auf dem Fußweg zum Konzert. „Wie, was machen wir, WENN einer von uns allein bleibt?" antwortete Nele. „Einer bleibt ganz sicher allein und zwar Du. Ich habe da nämlich gar keine Lust drauf. Ich sterbe kurz vor meinem 90. Geburtstag, damit ich diesem Spektakel entgehe und Du darfst dann noch ein bisschen trauern und mir schnell nachfolgen."

Berti schüttelte den Kopf. Konnte Nele eigentlich nie ernst sein? Aber es war auch schön. Das Leben war ja ernst genug. „Und wenn einer von uns viel früher geht?" fragte Berti. „Dann wird es sich finden, so wie es sich bei allen anderen auch findet", sagte Nele. „Einfach so?" hakte Berti nach.

„Einfach so!" bestätigte Nele. Vielleicht musste man sich wirklich nicht über alles vorher Gedanken machen. Vielleicht sollte man darauf vertrauen, dass „es" sich findet. Oder darauf vertrauen, dass man immer genug Kraft hatte, sein Leben zu gestalten oder Hilfe anzunehmen. Berti dachte an die vielen Einsamen auf der Welt. An die, die weder genug Gestaltungskraft, noch Hilfe hatten. Warum auch immer.

Norbert Kowalski war ein mittelmäßiger Musiker und durchschnittlicher Autor. Vielleicht machte ihn aber auch gerade das für Berti so interessant. Man musste ja nicht immer Champions League schauen. Ein packendes Kreisligaspiel konnte sehr unterhaltsam sein! Und so freuten sich Nele und Berti an diesem Abend über Alltagsgeschichten, begleitet auf einem nicht allzu teuren elektrischen Klavier mit den etwa sieben Akkorden, die Kowalski aber sicher beherrschte. Gegen Ende des Konzertes sang er ein Lied, das an diesem Abend wie für Berti gemacht war. Von einer Frau, die allein in einem Restaurant saß und deren einzige Gesprächspartnerin die Wirtin war. Es gab viel Applaus nach diesem Lied, vielleicht weil sich so viele darin wiederfanden.

Nele und Berti schlenderten nachhause. „Ja, eines Tages wird einer von uns alleine bleiben", sagte Nele. „Das ist die schlechte Nachricht."

„Und die gute?" fragte Berti.

„Heute noch nicht. Jedenfalls wahrscheinlich."

Berti fand das tröstlich. Einfach so.

Und er notierte in sein Heftchen:

Erkenntnis des Tages:

Heute nicht! Einfach so.

Der Moment

Bei Elisa ist noch Licht, nicht alle Tische sind besetzt. Pärchen murmeln, flüstern, schauen sich dabei tief in ihre Augen. Väter plaudern, Mütter lachen, Söhne schauen gelangweilt Töchter an.

Bei Elisa ist noch Licht, die letzte Runde gab es

noch nicht. Die Küche hat noch offen und verwegen singt die Köchin noch ein Lied, zwischen den Töpfen und den Pfannen.

Wie jeden Abend um halb zehn, geht die Tür auf, kaum bemerkt und kaum zu sehen schleicht sie sich rein, nimmt Platz an einem von den kleinen, scheinbar kaum genutzten Tischen.

Denn auf sie passt allerhöchsten ein Gedeck, ein Glas dazu und keine Karte, weil sie jeden Tag dasselbe nimmt – das Glas mit dem halbtrockenen Weißen und Bruschetta.

Auf jeden Fall mit extra Knoblauchbutter, weil sie es mag und es auch immer schon so war. Seit langer Zeit hat niemand mehr auf dem Stuhl gesessen, der da steht, fast aus Versehen an dem Tisch, an dem wenn dann immer nur eine sitzt oder mal einer, das aber selten, nur im Winter, wenn die Tage kürzer werden.

Es wirkt als spräche keiner mehr mit ihnen, die da sitzen, in dem kleinen Ort am Meer, wo die Reisenden verweilen und die von hier nicht weg gekommen scheinen.

Warum allein? Wer weiß das schon? Ob selbst gewählt, ob unverhofft die Bande rissen, die die Einsamen noch hielten, als sie noch gar nicht einsam waren.

"Was darf es sein", das fragt Elisa einfach trotzdem, auch wenn sie weiß, es ist der Weiße und Bruschetta, mit Knoblauchbutter – sie fragt

und hört, "wie immer, gern, Dasselbe" und schaut sie freundlich müde an, kennt keine Details, ahnt nur, dass sie erste ist an diesem Tag, mit der sie spricht.

Auf die Frage hin "Was darf es sein", richtet der Mensch sich auf, schaut hoch, und lächelt sogar fast. Was darf es sein? Und ja, so vieles fällt ihr ein, was sein darf oder müsste oder was noch fehlt.

In dem Moment, in dem sie aufsah,

war sie schön.

Schön, weil man ahnte, wie es sein könnte, säße sie nicht immer nur allein an diesem Tisch zwischen Garderobe und Toilette, unbemerkt von allen Reisenden, die eilig weiter reisen und noch kreisen um sich selbst und das geschäftig Treiben ihres Lebens, dem Irrtum leider schon erlegen, dass dieses immer weiter ginge.

Schön ist sie, weil man ahnt wie es sein könnte, ein Leben ohne Einsamkeit zu führen, ohne Streit, der einsam machte, ohne Tod, der trennt und lähmt, ohne Dummheit.

Dummheit, die selten nur Versöhnung kennt, sondern dem Schweren immer neue Ketten spendet, als wäre das ein Ziel für Menschen:

Am Ende dann nicht nur allein zu sein, sondern einsam unter vielen, unbemerkt und still, und fast schon ohne ein Gefühl von Schmerz oder Verzweiflung, von Sehnsucht oder Hoffnung, weil alles immer gleich und ohne jede Überraschung bleibt.

Jedoch: In dem Moment, in dem sie aufsah,

war sie schön

Erinnerung

Berti machte heute einen Spaziergang ohne Hund. Das war selten, aber heute war Nele mit Hering zu einem Hundespielplatz gefahren, so dass Berti nicht wie üblich am Nachmittag die Leinen nehmen konnte, um loszuziehen.

So zog er allein los und erinnerte sich an die Spaziergänge mit Reinhard, kurz nachdem der Hund Oswald gestorben war. Sie nannten sie „Spaziergänge mit dem Hund, ohne Hund." Sie unternahmen sie, weil das Reden beim Gehen guttat. Weil man beim Gehen aber auch einfach mal nichts sagen konnte, ohne dass es unangenehm war. Oswald und Reinhard waren im Himmel, Hering und Nele auf dem Hundespielplatz und Berti schlenderte allein an der Kirche vorbei. Sie stand auf einem kleinen Hügel, den man Warf nannte. Ein aufgeschütteter großer Haufen Sand und Erde. Die Kirche war an die 900 Jahre alt und Berti überlegte, was die Mauern zu erzählen hätten, wenn sie sprechen könnten. Wieviel Blut und Tränen sie gesehen hatten, aber auch wieviel Glück und Hoffnung. An einer Laterne neben der Kirche hing ein Wahlplakat. „Deutschland, aber normal!" stand darauf. Berti fragte sich, was bedeuten sollte. Was wollte man ihm sagen und warum sollte er diese Partei wählen? Ausgerechnet in diesem Moment kam Roland mit seinem Dackel um die Ecke. Normalerweise hätte Berti jetzt die Straßenseite gewechselt. Nicht wegen Roland, sondern weil der Dackel und Hering sich nicht leiden konnten.

„Berti, wo ist denn Dein Hund?" fragte Roland, als er direkt unter dem Wahlplakat angekommen war. „Auf dem Spielplatz", sagte Berti und blieb stehen. Der Dackel schnupperte eifrig an seiner Hose.

„Was ist normal?" fragte Berti, der wusste, dass Roland die Normal-Partei wählte. Das hatte er beim Schützenfest mal lautstark verkündet, als man leicht angeheitert die Flüchtlingsunterkunft in der alten Bäckerei diskutiert hatte. Berti war sofort gegangen, weil er solche Diskussionen nicht ertragen konnte. Er hört noch, wie der Pastor sagte: „Ja wollt Ihr sie alle einfach zurückschicken oder wie soll das gehen?" Dann wurde gemurmelt und Berti wusste, es war Zeit für ihn, zu gehen. Und natürlich wusste er, dass das falsch war, denn man durfte solchen Diskussionen nicht einfach aus dem Weg gehen. So fasste er sich heute ein Herz und fragte Roland: „Was ist normal?"

„Da fällt mir vieles ein. Dass wir von unserer Arbeit leben können und nicht alles Geld in die ganze Welt schicken. Dass wir nicht Fremde durchfüttern, die hier unsere Sozialhilfe abgreifen. Dass unsere Bauern nicht von den Politikern kaputt gemacht werden. Dass wir nicht immer glauben die ganze Welt retten zu müssen und endlich wieder stolz sein dürfen auf unser Land ..."

Roland hörte gar nicht mehr auf. Sie waren gemeinsam weiter spaziert und standen jetzt vor der Gedenktafel, die an die Gefallenen der Weltkriege erinnerte.

„Hier, sagte Roland. Das waren doch nicht alles Unmenschen. Sie haben nur ihre Pflicht getan und Befehle ausgeführt. Mein Opa steht da drauf. Und mein Onkel."

„Wir sollen aber doch nicht da drauf stolz sein?" fragte Berti. „Nein, nicht auf den Krieg. Natürlich nicht, aber auf unsere Leute."

Berti grübelte. Das konnte man doch unmöglich trennen. Man konnte doch nicht stolz darauf sein, in die Irre geführt worden zu sein.

„Aber was, wenn manche von denen hier verantwortlich für schlimme Dinge waren?" fragte Berti. „Was ist mit denen, die sie getötet haben? Die stehen hier nicht auf der Tafel."

„Genau das meine ich, Berti. Immer müssen wir uns für alles entschuldigen und die ganze Welt bei uns aufnehmen, weil Hitler ein Spinner war."

„Wir müssen Menschen aufnehmen, weil sie in Not sind. Und man muss Menschen helfen, die Hilfe brauchen."

„Als ob die alle Hilfe brauchen. Die haben die neusten Handys und vor den Unterkünften stehen dicke Autos. So sieht´s aus, aber lass dir ruhig weiter erzählen, dass das alles arme

Flüchtlinge sind. Warum kämpfen die nicht zuhause für ihr Land?"

„Vielleicht haben sie Angst?"

„Ach komm, Berti. Die hier wurden auch nicht gefragt, ob sie Angst haben."

Berti hatte beim Frühstück durch sein Handy gescrollt. Die lustige Pfarrerin hatte in ihrem Messenger-Status eine Erinnerung geteilt:

„Das Massaker von Babyn Jar geschah im gleichnamigen tief eingeschnittenen Tal Babyn Jar (ukrainisch Бабин Яр) auf dem Gebiet der ukrainischen Hauptstadt Kiew, als Einsatzgruppen der Sicherheitspolizei und des SD am 29. und 30. September 1941 innerhalb von 48 Stunden mehr als 33.000 jüdische Männer, Frauen und Kinder ermordeten. Dies war das größte einzelne Massaker an Juden im Zweiten Weltkrieg, für welches das Heer der Wehrmacht verantwortlich war.

„Hast Du schon mal Von Babyn Jar gehört?" fragte Berti und Roland schüttelte genervt den Kopf.

„Ich bis jetzt auch nicht. Das liegt in der Nähe von Kiew. Musst du dir mal durchlesen, was da 1941 war. Tausende brutal misshandelt und ermordet. Da und an so vielen anderen Orten. Das haben Menschen gemacht. Deutsche Menschen."

„Lass mich mit so etwas in Ruhe", sagte Roland. „Wir waren beide nicht dabei. Irgendwann muss es mal gut sein."

„Warte mal", sagte Berti und zog sein Smartphone aus der Tasche. „Hier, diese Frau, sie hieß Dina Pronitschewa, die war dabei und sagt:"

„Sie mussten sich bäuchlings auf die Leichen der Ermordeten legen und auf die Schüsse warten, die von oben kamen. Dann kam die nächste Gruppe. 36 Stunden lang kamen Juden und starben."

„Hör auf jetzt, Berti. Ich will das nicht hören", sagte Roland und ging weiter. Aber Berti hörte nicht auf.

„Vielleicht waren die Menschen im Sterben und im Tod gleich, aber jeder war anders bis zum letzten

Moment, jeder hatte andere Gedanken und Vorahnungen, bis alles klar war, und dann wurde alles schwarz. Manche Menschen starben mit dem Gedanken an andere, wie die Mutter der schönen fünfzehnjährigen Sara, die bat, gemeinsam mit ihrer Tochter erschossen zu werden. Hier war selbst zum Schluss noch eine Sorge: Wenn sie sah, wie ihre Tochter erschossen wurde, würde sie nicht mehr sehen, wie sie vergewaltigt wurde. Eine nackte Mutter verbrachte ihre letzten Augenblicke damit, ihrem Säugling die Brust zu geben. Als das Baby lebendig in die Schlucht geworfen wurde, sprang sie hinterher."

Roland war inzwischen weg. Berti hatte den Rest des Textes der Gedenkstätte vorgelesen. Die Namen der Gefallenen schauten ihn genauso stumm an, wie die Kirchenmauern. Unter den Namen stand geschrieben: „Den Lebenden zur Mahnung."

„Deutschland, aber normal", dachte Berti und wusste jetzt ein bisschen mehr, was er nicht wollte. Vergessen! Vergessen, was nicht nur ein paar Wahnsinnige, sondern tausende und abertausende von Deutschen ganz realen

Menschen angetan hatten. Er wollte nicht vergessen, dass aus dieser Schuld eine große Verantwortung für alle Deutschen entstanden war. Natürlich konnte man sein Land lieben und natürlich hatten andere Völker auch Unheil angerichtet. Die Menschheitsgeschichte war voll davon. Sie waren jedoch in erster Linie mal für ihre Schuld verantwortlich und nur weil Berti damals noch nicht geboren war, sprach ihn das nicht frei. Die Schuld der Väter war auch seine Schuld. So sah er das!

Und das passte manchen Menschen heute ganz und gar nicht. Roland wollte von dieser Schuld nichts wissen und forderte, dass Deutschland wieder normal werden müsse.

Auf der anderen Straßenseite bummelten die beiden französisch sprechenden Jungs vorbei. Sie hatten offensichtlich nichts zu tun. Wie auch immer sie in dieses ostfriesische Dorf gekommen waren, sie hatten ein Recht darauf, fair behandelt zu werden, ob das Roland nun passte oder nicht. Sie hatten dieses Recht auch, wenn sie Idioten waren oder sogar kriminell. Dann musste man sie wie Idioten behandeln oder wie

Kriminelle, aber eben fair! Das musste NORMAL sein. Und wenn sie nicht kriminell waren und ihre Heimat zum Fürchten war, dann mussten sie hierbleiben dürfen, unsere Sprache lernen und Arbeit bekommen. Das war NORMAL. Dann könnten sie auch Steuern bezahlen und vielleicht Dachdecker werden, denn davon gab es viel zu wenige. Oder vielleicht Ärzte, auch davon gab es zu wenige. Und sie könnten dann hierbleiben oder eines Tages in ihre alte Heimat zurückkehren und dort Dächer decken oder Kranke heilen. Das war NORMAL.

Vielleicht war Berti zu gutgläubig. Naiv war er aber nicht.

Er wollte sich erinnern, damit man aus der Vergangenheit lernte.

Im Mai 1971 wurde vor dem Landgericht in Regensburg ein Prozess gegen den Kommandeur des Polizei-Bataillons 45, Martin Besser (79), den Kompanieführer Engelbert Kreuzer (57) und den Feldwebel der Kompanie Fritz Forberg (66) wegen Beihilfe zu tausendfachem Mord eröffnet. Nach zwei bzw. drei Tagen wurde das Verfahren gegen Besser und Forberg aufgrund amtlich attestierter Verhandlungsunfähigkeit eingestellt bzw. unterbrochen. Kompanieführer Kreuzer klagte man zudem als Mittäter bei 40.000-fachem Mord an. Im August 1971 wurde der Polizeimajor und SS-Sturmbannführer Kreuzer vom Gericht für schuldig befunden und zu sieben Jahren Haft wegen Beihilfe zum Massenmord von Babyn Jar verurteilt.

Erkenntnis des Tages: Den Lebenden zur Mahnung!

(Textquelle Babyn Jar / Wikipedia 2022)

Zeitumstellung

Was Berti wirklich überhaupt nicht leiden konnte, war Zeitumstellung. Dieser Tag, wenn im März die Uhren um eine Stunde vor und im Oktober dann wieder um eine Stunde zurück gestellt wurden. Alle waren durcheinander. Es gab mehr Unfälle und Missgeschicke und vor allem auch viel schlechte Laune. Energie wurde durch diese Regelung auch nicht eingespart, obwohl man sich vor allem das erhoffte, als 1980 dieser Blödsinn eingeführt wurde. 1980! Das war eine Ewigkeit her und deshalb ärgerte sich Berti auch schon eine Ewigkeit darüber.

Am Morgen des letzten Oktobersonntags schlich er durchs Haus. Die meisten Uhren stellten sich ja heutzutage sogar von ganz alleine um. Die im Wohnzimmer aber nicht. Es war eine alte Pendeluhr. Berti mochte sie, weil man mit ihr die Zeit anhalten konnte. Umstellen, das konnte ja jeder. Aber mit seiner Uhr, ließ sich die Zeit anhalten. Von Zeit zu Zeit machte Berti das. Er hielt das Pendel an und die Uhr hörte auf zu ticken. Sie blieb stehen und mit ihr die Zeit. So machte Berti es auch an diesem Morgen. Er setzte sich in den Sessel unter der Uhr und wartete. Worauf? Er wusste es nicht. Da fiel sein Blick auf das Regal, in dem ganz unten die Fotoalben standen. Und darüber gab es eine merkwürdige Sammlung von Büchern. Walt Disneys „lustige Taschenbücher" standen neben Ratgebern für Hundebesitzer und ein paar Krimis. Es fanden sich aber auch Bildbände von Fußballweltmeisterschaften und zwei Bibeln im Regal. Eine mit Bildern und eine ohne. Berti stand auf und nahm sich den Bildband der Fußball Weltmeisterschaft von 1978 und die Bilderbibel.

Zuerst warf er einen Blick in den Bildband und landete ausgerechnet bei der „Schmach von Cordoba". Deutschland war gegen Österreich in der Vorrunde der WM nach einer 2:3 Niederlage ausgeschieden. Berti lachte und erinnert sich daran, wie er damals völlig verzweifelt war. Das ganze Land war in einer Art Schockzustand gewesen. Immerhin war man vier Jahre zuvor Weltmeister geworden und jetzt das! Berti schüttelte den Kopf und sah sich mit seinem Sammelalbum weinend auf dem

Balkon sitzen. Wie seltsam, dass solche Ereignisse sich ebenso einprägten, wie wirklich wichtige Dinge.

Da Berti gerade die Zeit angehalten hatte, wagte er nun auch einen Blick in die Bibel mit den Bildern. Sein Schwiegervater hatte sie vor langer Zeit mal den Kindern geschenkt. Ab und zu hatte Berti ihnen daraus sogar wirklich etwas vorgelesen. Schöne Geschichten, traurige Geschichten und verstörende Geschichten. Er klappte die Bibel ungefähr in der Mitte auf und da stand es: „Alles hat seine Zeit." Und dann folgte eine lange Aufzählung. Geboren werden und sterben. Lieben und hassen. Pflanzen und ausreißen. Weinen und lachen. Und so weiter und so fort. Manchmal fragte sich Berti, wer sich das mit der Zeit ausgedacht hatte. Berti hatte mal gelesen, dass es die ersten mechanischen Uhren so um das Jahr 1300 gab. Aber schon 3000 Jahre vor Christus benutzten Chinesen und Ägypter die Schattenstäbe, also eine Art Sonnenuhren. Es schien den Menschen also schon sehr lange wichtig zu sein, die Zeit einzuteilen, zu messen und so den Tag zu ordnen. In der Bibel wurde ja auch an vielen Stellen von der Zeit gesprochen. Tausend Jahre seien vor Gott wie ein Tag stand da zum Beispiel bei den Psalmen. Die hatte sich Berti vor Jahren mal komplett durchgelesen.

Nele betrat das Wohnzimmer und riss Berti aus seinen Gedanken. „Zeit für eine Tasse Kaffee", flötete sie und meinte damit, dass Berti einen aufsetzen solle. So beendete sie die angehaltene Zeit einfach so und ohne ihn zu fragen. Ja, alles hatte seine Zeit. Er setze das Pendel wieder in Gang und stellte die Bücher wieder ins Regal. Die Zeiger stellte er auf die nun richtige Zeit und es war nun angeblich eine Stunde früher als gestern. Als Berti Nele den Kaffee servierte, lachte sie ihn an und sagte: „Was machen wird denn nun mit der geschenkten Stunde?"

„Sie ist nicht geschenkt, sondern nur zurückgegeben", grummelte Berti und verwies auf den Stundenraub aus dem Frühjahr. „Wann werden sie diesen Unsinn wohl endlich abschaffen?"

Nele zuckte mit den Schultern und sagte: „Ich finde es im Herbst lustig. Im März nervt es, aber jetzt ist es schön."

Alles hatte eben seine Zeit, auch wenn man die natürlich nicht einfach umstellen konnte. Mit dem Schattenstab der Chinesen (und Ägypter!) wäre das unmöglich gewesen. Berti schaute nach draußen. Heute Abend würde er mit Hering im Dunklen spazieren gehen müssen. Das nervte noch mehr als im Hellen, denn abends zog der Bursche besonders und man konnte schlecht sehen, was er fressen wollte. Berti seufzte. Hering hatte sich neben ihn gesetzt und schaute ihn wieder einmal verständnisvoll an.

„Man könnte die Zeit ja auch mal statt um eine Stunde gleich um eine ganze Dimension verstellen", murmelte er. „Wie bitte?" sagte Nele. „Wenn es von Bedeutung ist, musst Du lauter sprechen."

„Statt um eine Stunde, könnte man die Zeit im Winter auf „gute Zeit" umstellen", sagte Berti. „Einfach so?", fragte Nele. „Und dann im Frühjahr wieder auf „schlechte Zeit"?

„Nein. Im Frühjahr auf friedliche Zeit und dann im Herbst wieder auf freundliche Zeit. Wenn man alle positiven Begriffe durch hat, fängt man wieder von vorn bei gute Zeit an."

„So einfach ist das?" fragte Nele.

„So einfach ist das!" antwortete Berti.

„Dann machen wir es so", sagte Nele, stand auf und ging Blätter harken. Das war eine Tätigkeit, die sie liebte und Berti hasste. Nele harkte im Herbst andauernd Blätter. Als Berti ihr mal vorgerechnet hatte, dass es viel effektiver war, es zum Beispiel nur einmal in der Woche zu machen, weil man dann mehr Blätter vor der Harke hatte und es dementsprechend weniger Aufwand war, hatte sie ihm fröhlich zugerufen: „Ich tue es für mich!"

Berti hatte daraufhin geseufzt und Mattes hatte ihn verständnisvoll angeschaut.

Nun ging er in die Küche und stellte die Tassen auf die Spüle. Neben dem Wasserkocher hing eine Sanduhr für den Tee. Der durfte nämlich weder zu lau noch zu stark sein und musste die richtige Zeit ziehen. Schon wieder eine Uhr.

Wie viele Sandkörner da wohl drin waren? Und wie viele auf der Erde herumlagen? Unmöglich sie zu zählen. Berti erinnerte sich noch ganz genau an eine „Sendung mit der Maus" zu diesem Thema: Eine Hand voll feinem Sand waren etwa 1,5 Millionen Sandkörner. Und Wissenschaftler hatten mal versucht, die Zahl der Sandkörner an den Stränden der Erde zu schätzen und waren dabei auf 7,5 Trillionen gekommen. Eine Trillion ist eine Eins mit genau achtzehn Nullen, also 7.500.000.000.000.000.000 Sandkörner.

Eines davon war Berti. Zumindest fühlte er sich manchmal so, auch wenn seit Entstehung der Menschheit erst etwa 100 Milliarden Menschen gelebt hatten. Eine recht kleine Zahl im Verhältnis zu den Sandkörnern. Und jedes Sandkorn hatte seine Zeit? Jedes Sandkorn war von Gott gezählt worden? Jeder Mensch gekannt, gewollt und geliebt?

Berti setzte sich an den Küchentisch, weil ihm schwindelig geworden war. Vermutlich kam das von den ganzen Zahlen. In letzter Zeit war ihm oft schwindelig.

Hier und jetzt an seinem Küchentisch gab es nur ihn und Gott. Und gleichzeitig saßen vielleicht noch Millionen andere gerade einfach da und grübelten.

Wann war Bertis Zeit gekommen? „Wir bleiben noch hier, bis unsere Stunde schlägt", hatte der Pastor neulich bei der Beerdigung gesagt. Und wann schlug seine Stunde?

Vielleicht jetzt? Genau in diesem Augenblick? Berti wartete. Aber sein Herz schlug weiter.

Wenn es jetzt damit aufhören würde, könnte er sich nicht beschweren. Natürlich wollte er viele Enkel haben und mit ihnen herumtollen und sie mit Spielzeug überhäufen. Er wollte noch mit Nele verreisen und eines Tages Gänse haben. Er wollte im Posaunenchor mitspielen, obwohl er gar kein Instrument konnte, aber das wollte er ja noch lernen. Er wollte und wollte und wollte.

Er wollte die Zeit zur guten Zeit umstellen. Für die ganze Welt.

Berti zählte die Krisen seines Lebens und die guten Zeiten auf. Das waren viel mehr. Was für ein reiches Leben hatte er gehabt. Eine große Liebe, vier Nachkommen, ein Enkelkind. Kein Tag im Krieg, nie gefroren und nie gehungert. Er konnte sich immer alles kaufen, was er brauchte, und hatte oft sogar noch Geld für Dinge, die er nicht brauchte, aber trotzdem wollte. Er hatte immer Arbeit und meistens hatte sie ihm Freude gemacht. Er war selten krank gewesen und fast nie im Krankenhaus. Er hatte sich nie ernsthaft verletzt und das ging allen so, die ihm nahestanden. Er hatte viel Freude empfunden und nie an Depressionen gelitten. Und nur ein einziges Mal hatte er eins auf die Nase bekommen.

Was für ein unfassbar glückliches Leben hatte er gehabt! Wie ungerecht das war im Angesicht von so viel Leid auf der Welt.

Berti zündete die Kerze an, die mitten auf dem Küchentisch stand. Unglaublich, wie eine einzelne Kerze einen ganzen Raum mit Licht füllen konnte.

Im Grunde brauchte Berti seine Zeit nicht auf „gute Zeit" umstellen, denn seine persönliche Zeit war schon gut. Es fehlte ihm absolut nichts. Berti faltete die Hände und sagte leise:

„Danke Gott. Für alles. Ich bitte Dich aber für den Rest Deiner Menschenkinder. Und für Deine ganze Schöpfung; um eine Zeitumstellung auf gute Zeit. Amen."

Er nahm sein Büchlein und schrieb:

Erkenntnis des Tages: Hat alles seine Zeit?

Der Schwindel wurde stärker. Berti sah nur noch die Kerze und alles um sie herum verschwamm ein wenig. Das war nicht unangenehm. Im Gegenteil. Er schloss die Augen und legte die Unterarme auf den Tisch. Dann beugte er sich nach vorn, um den Kopf auf seinen Unterarmen abzulegen. Das war sehr schön. Sehr ruhig. Einfach noch mal eben die Zeit anhalten.

Alles Liebe

Als Berti aufwachte, schien die Sonne.

Er stand am Ufer und sah auf der anderen Seite sein Häuschen.

Berti fragte sich nicht, wie es da hingekommen war. Es sah schön aus und der Fluss gefiel ihm.

„Kommst Du, Berti?" sagte Jesus und legte ihm sanft die Hand auf die Schulter. „Es ist Zeit."

„Es ist ZEIT?" fragte Berti. „Was soll das denn heißen?"

„Ach Berti", sagte Jesus. „Du und Deine Fragen. Das sagt man einfach so. Ich bin doch auch nur ein Mensch."

Berti drehte sich um und was er sah, war schöner, als er es sich jemals hatte träumen lassen.

Bertis Beerdigung war an einem strahlend schönen Novembertag. Der Posaunenchor der

Kirchengemeinde hatte ein Lied von Queen einstudiert. „Love of my life".

Der Pastor vermutete, dass vielleicht noch nie ein christlicher Posaunenchor dieses Lied gespielt habe. „Zumindest nicht so mies", hatte Manni, der Leiter des Chores gescherzt, als er von der These des Pastors hörte. Da Berti aber ein großer Fan des Posaunenchors und der Gruppe Queen war, hatte alles so seine Richtigkeit.

Nele, Nora, Nina, Nils und Niklas waren mit der Planung der Trauerfeier komplett überfordert. Auch wenn Berti ihnen regelmäßig von seinen diesbezüglichen Plänen berichtet hatte, waren sie doch immer davon ausgegangen, dass dies erstens seine merkwürdige Form von Humor und zweitens noch lange nicht dran war. Auf jeden Fall wollten sie keinen seiner Vorschläge umsetzen. Es wurde weder das Lied „Alles hat ein Ende, nur die Wurst hat zwei" gesungen, noch ein Orchester engagiert. Sie überließen sie die gesamte Planung einfach dem Pastor. Der war ein netter Kerl und hatte

Berti ja auch ein wenig gekannt. Er suchte Lieder aus, organisierte Manni und seine Leute und schrieb geduldig alles mit, was Nele und ihre Nachkommen ihm erzählten. Natürlich war das viel, denn Berti hatte ja selten nichts gemacht. Der Pastor hielt eine schöne Rede. Oft wurde gelacht und alle waren sicher, dass Berti es so gefallen hätte. Natürlich wurde auch viel geweint.

Über Bertis Traueranzeige standen zwei Worte:

Alles Liebe

Und darunter:

Die Deinen

„Aus Liebe werden viele Tränen vergossen", sagte der Pastor. „Das sind kostbare Tränen, auch wenn sie nicht süß schmecken."

Bertis Urne wurde unter einem Baum begraben. Mitten im Wald. Das hatte der Bestatter vorgeschlagen, weil er meinte, dies würde zu Berti passen.

Neles und Bertis Haus war klein, aber es bot genug Platz für 10 Personen. Nele, ihre vier Nachkommen, deren Partnerinnen und Partner und Jona, das Enkelkind. In den letzten Jahren waren sie manches Mal zu zehnt gewesen.

„Wir können nicht alle hierbleiben", sagte Nils, als sie sich alle hingesetzt hatten. In diesem Moment schenkte Jona ihnen ein Glucksen und ein Lächeln, als habe das Kind es verstanden. Dann weinten und lachten sie, bis es dunkel war.

„Er hat mal gesagt, dass er lieber vor mir sterben will, damit er nicht allein zurückbleibt", sagte Nele plötzlich. „Naja, zum Glück bin ich ja nicht ganz allein." Nora legte ihrer Mutter Jona in den Arm.

„Papa war ein glücklicher Mensch", sagte Nina. Und Niklas ergänzte: „Er hätte ruhig noch ein Weilchen bleiben können."

Sie blieben noch bis zum nächsten Mittag zusammen. Für alle, die schlafen wollten und konnten, hatte sich ein Plätzchen gefunden. Am nächsten Mittag bestand Nele darauf, dass alle nachhause fuhren. „Ich möchte es so", sagte sie wie immer liebevoll, aber bestimmt.

Als alle weg waren, ging sie eine Weile durchs Haus und setzte sich schließlich in den Sessel unter der Uhr. Ihr Blick fiel auf Fotoalben. Eines nach dem anderen nahm sie aus dem Regal, schaute es von vorne bis hinten an und trank dabei ein paar Gläser Wein. Eine merkwürdige Kraft durchströmte sie. Ja, sie würde noch hierbleiben, bis eines Tages ihre Stunde schlug. Nele trat ans Fenster und schaute in die Dunkelheit. Sie seufzte. Hering hatte sich neben sie gesetzt und schaute sie verständnisvoll an. Sie streichelte sanft seinen Kopf und ging in die Küche. Auf dem Tisch lag Bertis Büchlein. Sie setzte sich, blätterte darin herum und las dann nacheinander seine Erkenntnisse. „Hat alles seine Zeit?"

„Ja", flüsterte Nele, nahm einen Stift und schrieb:

„Gute Nacht, Berti!"

Nachwort:

Leise

Leise, leise, leise geht der Tag
Leise, leise fragst Du was ich mag
Ich mag Dich und Deine Träume
Und im Herbst die bunten Bäume
Leise, leise, leise geht der Tag

Laut, ja richtig laut, so war dein Lied
Ich schau jetzt, wie es mit den Wolken zieht
Du singst es an neuen Küsten
So als ob die Wellen wüssten:
Laut, ja richtig laut, so war dein Lied

Sing das Lied doch mit den Wellen
für die Wolken einfach laut,
es wird schnell genug verklingen
und deswegen sing es laut

Wütend, zart und eilig war Dein Gang
Was fängt die Welt jetzt ohne dich bloß an
Ohne deine Herbstzeitlosen,
auch im Winter roten Rosen
Wütend, zart und eilig war Dein Gang

Leise, leise, leise gingst Du fort
Heimlich, still und leise an den Ort
An dem ich dich suche dann
Und am Ende finden kann
Leise, leise, leise gingst Du fort

Seufzender Hering	5
Führerscheinverlängerung	12
Schulbegleiter	21
Energiekrise	35
Herzlichen Glückwunsch	46
Alles Gute für die Zukunft	56
Maskenpflicht	68
Entpflichtung	78
Vergebung	97
Versöhnung	110
Diverse Opas	120
Vielfalt	131
Einfach so	143
Erinnerung	158
Zeitumstellung	168
Alles Liebe	178

Literaturhinweis:

Bibel, Buch von der Liebe Gottes zu den Menschen,

erschienen in 451 Sprachen in unzähligen Verlagen, 66 Bücher mit 1189 Kapiteln und 31150 Versen.

Mehr von Martin Kaminski sehen, lesen und hören auf www.martin-kaminski.de

Bei tredition sind außerdem erschienen:

Die Gebete des Busfahrers (1) und

Die Träume des Busfahrers (2)